AF542481

RECVEIL DES DECLARATIONS du Roy, Portant Interdiction des Cours de Parlement, des Aydes, Bureau des Finances, Lieutenant General, & du Corps de Ville de la Ville de Roüen.

Ensemble les Commissions pour exercer les charges des Officiers Interdits, & autres Declarations de sa Majesté & Arrests de son Conseil concernans le restablissement des Bureaux & autres affaires de la Prouince de Normandie.

A ROVEN,
De l'Imprimerie de DAVID DV PETIT VAL, & IEAN VIRET, Imprimeurs ordinaires du Roy.

M. DC. XL.

Auec Priuilege de sa Maiesté.

DECLARATION DV ROY, portant Interdiction de la Cour de Parlement de Roüen.

OVIS PAR LA GRACE DE DIEV ROY DE FRANCE ET DE NAVARRE, A tous ceux qui ces presentes Lettres verront, Salut. Lors que les Roys nos predecesseurs en instituant les Parlemens, leur ont commis vne si grande partie de leur Puissance & de leur Auctorité, ce n'a pas seulement esté pour rendre la Iustice à leurs subjets, mais aussi pour les contenir dans les deuoirs d'vne parfaicte & legitime obeissance : C'est pourquoy ils ne se sont pas contentez de déposer entre leurs mains leur Iustice distributiue, mais afin d'obliger les peuples vers eux à vne plus grande reuerence, ils les ont honorez des plus augustes marques de leur grandeur, & des ornemens mesmes de la Royauté : Ainsi, tant que ces Compagnies souueraines ont auec zele & courage fait respecter la Majesté Royale, Les Roys se sont pleus à les maintenir en leur dignité, à recognoistre leurs seruices & à leur departir liberalemét leurs faueurs: Mais lors qu'elles ont negligé le principal deuoir de leurs charges, qui consiste à conseruer la reuerence deuë à l'auctorité du Prince, Les mesmes Roys nos predecesseurs ont tousiours estimé auec grande raison qu'en telles occasions la feuerité estoit necessaire pour éuiter les dangereuses suittes d'vn pernicieux exemple, lequel ne sçauroit estre pire que lors que le peuple, qui imite volontiers les actions des Magistrats ordonnez pour sa conduite, voit abaisser par leurs propres mains la Majesté du souuerain, qu'ils deuroient releuer & soustenir aux despens mesmes de leur vie. C'est cette consideration à qui nostre grand regret nous oblige d'vser de chastiment enuers nostre Cour de Parlement de Roüen: Puisque durant que nous estions sur les frontieres de nostre Royaume, exposant nostre Personne aux incommoditez & aux perils d'vn long voyage pour le bien de nos subjets, Il a veu & souffert qu'vne populace mutinée ayt pris les armes, ayt démoly les maisons qui seruoient de Bureau à nos Receptes, en ayt emporté les tiltres, auec l'argent de nos finances, ayt trempé ses mains dans le sang de ses concitoyens, & commis tous les crimes dont est capable la fureur d'vne sedition que la negligence, la conniuence & la lascheté des Magistrats laisse croistre iusques aux derniers excés que peuuent produire l'audace & la temerité lors qu'elles ne sont point reprimées: Cette faute est si grande en ceux qui ont receu la plus precieuse partie de nostre Puissance, & qui par vn priuilege particulier, ayant aussi le commandement des armes de nostredite ville de Roüen, estoient doublement obligez d'arrester le cours de ces desordres, que nous ne pouuons seulement la dissimuler, mais nous nous trouuons contraints de la punir par vn chastiment exemplaire, afin de retenir dans le deuoir ceux qui voudroient se porter à l'aduenir à de semblables actions. SÇAVOIR FAISONS, Que Nous pour ces causes estant deuëment informez de la faute & mauuaise conduite de nostredite Cour de Parlement sur le faict desdites rebellions; DE L'ADVIS de nostre Conseil, où estoient

eſtoient noſtre tres-cher & tres-amé Frere vnique le Duc d'Orleans, & autres principaux Seigneurs & Officiers de cette Couronne, AVONS dit & declaré, diſons & declarons par ces preſentes ſignées de noſtre main, voulōs & nous plaiſt, Que noſtredite Cour de Parlement de Roüen & Officiers d'icelle demeurent interdicts, Comme de fait nous les interdiſons de tout exercice & fonction de Iuſtice ſoit en corps ou autrement : Deffendons à tous nos ſubjets de ſon Reſſort, de recognoiſtre leſdits Officiers en qualité de Iuges, Declarons dés à preſent tous Iugemens, Arreſts & autres actes qu'ils pourroient rendre cy-apres, nuls & de nul effect, & ce juſques à ce que par Nous autrement en ayt eſté ordonné. Commandons à nos Huiſſiers qu'à ce faire commettons, ſe tranſporter à ladite Cour de Parlement de Roüen, & icelle ſeante, luy ſignifier ces preſentes nos lettres d'interdiction à ce qu'elle n'en pretende cauſe d'ignorance, luy faiſant commandement d'y defferer & obeyr, Et aux Officiers d'icelle de ſortir quatre iours apres ladite ſignification, de ladite Ville, & ſe rendre à noſtre Cour & ſuitte, ſur peine d'eſtre procedé contre eux comme contreuenans à nos commandemens. Faiſant à cette fin par leſdits Huiſſiers tous exploicts requis & neceſſaires, ſans demander placet, viſa, ne pareatis : Nonobſtant auſſi Clameur de Haro, Chartre Normande, priſe à partie, & autres choſes à ce contraires, CAR tel eſt noſtre plaiſir : En teſmoing dequoy nous auons fait mettre noſtre ſcel à ceſdites preſentes. DONNE' à Sainct Germain en Laye le dixſeptieſme iour de Decembre, l'an de grace mil ſix cens trente-neuf. Et de noſtre Regne le trentieſme. Signé, LOVIS. Et ſur le reply, Par le Roy, PHELYPEAVX. Et ſcellé ſur double queuë d'vn grand ſcel en cire jaulne.

L'AN mil six cens quarante, le troisiesme iour de Ianuier, enuiron les sept à huict heures de matin, Nous Nicolas Tourte & Claude le Gay Huissiers ordinaires du Roy en ses Conseils d'Estat & Priué, suiuant le commandement à nous fait de la part de sa Majesté par ordre de Monseigneur le Chancelier, sommes transportez en la grande Chambre du Conseil de la Cour du Parlement de Roüen, au Palais de ladite Ville, où estoient toutes les Chambres assemblées, & parlant à tous les sieurs Presidents & Conseillers du Roy y seant, leur auons monstré & signifié les Lettres Patentes de sadite Majesté, Portant Interdiction de l'exercice & fonction de leurs charges, données à Sainct Germain en Laye le dixseptiéme iour de Decembre dernier, signées LOVIS. Et sur le reply, Par le Roy, PHELYPEAVX. Et scellées: Desquelles leur a esté fait lecture à haute voix par nous Tourte, & leur auons fait Commandement de par sa Majesté de se separer presentement en nos presences, & retirer chacun d'eux en leurs Maisons, sans faire aucune assemblée ny deliberation, & declaré qu'ils n'ont plus de pouuoir de faire aucune fonction de leurs charges, à ce qu'ils n'en pretendent cause d'ignorance, & ayent à y obeïr: A quoy ils ont satisfait, & sommes demeurez en ladite Chambre, iusques apres les auoir veus tous sortir d'icelle, ausquels auons baillé & laissé coppie desdites Lettres auec autant de nostre present procez verbal, & icelle mise és mains de l'vn deux: Et auons à l'instant enjoint à Maistre Sanson Vaignon Greffier en chef de ladite Cour de Parlement estant en ladite Chambre, d'aller voir & parler à mondit-Seigneur le Chancelier, & luy porter son Registre qu'il tient en l'exercice de son Greffe, ce qu'il nous a promis faire: Laquelle signification, interdiction & contenu cy dessus, nous auons aussi à l'instant denoncé & fait sçauoir aux sieurs Gens du Roy de ladite Cour, parlant au sieur le Guerchois Conseillier du Roy & son Aduocat General en ladite Cour de Parlement, en leur Parquet, à ce que de leur part ils ayent à y satisfaire & obeïr.

Signé, TOVRTE. & LE GAY.

EXTRAICT DES REGISTRES DV CONSEIL D'ESTAT.

VEV PAR LE ROY estant en son Conseil, ses Lettres Patentes scellées de son grand sceau, portant interdiction aux Officiers de la Cour de Parlement de Roüen, de la fonction de leurs charges, auec la signification faite desdites Lettres à ladite Cour par les Huissiers dudit Conseil, le troisiesme du present mois de Ianuier mil six cens quarante. Sa Majesté iugeant necessaire de pouruoir de Iuges pour terminer les affaires de la cognoissance de ladite Cour, attendant qu'elle ayt fait establissement d'vne autre Compagnie, afin que la iustice soit renduë à ses Subjects, a euoqué & euoque à soy & à sondit Conseil, tous les Procez & differents, tant ciuils que criminels, pendant en ladite Cour de Parlement de Roüen, Ordonne que sur iceux les parties procederont en sondit Conseil, & ce par les formes & procedures accoustumées estre obseruées en ladite Cour : Et pour cet effet enjoint sadite Majesté aux Greffiers, Aduocats, Huissiers & Procureurs de ladite Cour, de continuer la fonction de leurs charges, & faire tout ce qui sera necessaire pour l'instruction & iugement desdits Procez ainsi & en la forme qu'ils faisoient en ladite Cour. ORDONNE en outre sadite Majesté, que les appellations des iugemens rendus par les Iuges de sa Prouince de Normandie qui ressortissoient nuëment en ladite Cour, seront releuées en ſondit Conſeil, pour eſtre terminées & iugées en iceluy, auquel à l'effect que deſſus, ſadite Majeſté, entant que beſoin ſeroit, a attribué toute Cour, Iuriſdiction & cognoiſſance deſdits Procez & differents tant ciuils que criminels, meuz & à mouuoir, icelle interdite à tous autres Iuges. VEVT que ſondit Conſeil procede inceſſamment à l'expedition & iugement deſdits Procez ſelon les formes pratiquées dans ledit Parlement, & ſelon l'vſage & couſtumes de ſa Prouince de Normandie, & ce iuſques à ce qu'autrement par ſadite Majeſté ayt eſté pourueu de Iuges pour faire la fonction dudit Parlement. Fait au Conſeil d'Eſtat du Roy, Sa Majeſté y eſtant, tenu à Sainct Germain en Laye le quatrieſme iour de Ianuier mil ſix cens quarante.

Signé, PHELYPEAVX.

LOVIS par la grace de Dieu Roy de France & de Nauarre, A nos amez & feaux Conſeillers en noſtre Conſeil d'Eſtat & Priué, Salut. Suiuant l'Arreſt dont Extraict eſt cy-attaché, cejourd'huy par nous donné, nous auons euoqué à Nous & à noſtredit Conſeil tous les Procez & differents, tant ciuils que criminels, pendans en noſtre Cour de Parlement de Roüen, Ordonné & ordonnons par ces preſentes ſignées de noſtre main, que ſur iceux les parties procederont en noſtredit Conſeil, & ce par les formes accouſtumées eſtre obſeruées en ladite Cour; & pour cet effect auons enjoint & enjoignons aux Greffiers, Aduocats, Huiſſiers & Procureurs de ladite Cour, de continuer la fonction de leurs charges, & faire tout ce qui ſera neceſſaire pour l'inſtruction & iugement deſdits Procez ainſi & en la meſme forme qu'ils faiſoient en ladite Cour: Auons en outre ordonné & ordonnons, que les appellations des Iugemens rendus par les Iuges de noſtre Prouince de Normandie qui reſſortiſſoient nuëment en ladite Cour, ſeront releuées en noſtredit Conſeil, pour eſtre par vous iugées & terminées en iceluy, vous en ayant entant que beſoin eſt ou ſeroit, attribué & attribuons par ceſdites preſentes, toute Cour, Iuriſdiction & cognoiſſance deſdits Procez & differents ciuils & criminels, meus & à mouuoir: Icelle interdite & deffenduë, interdiſons & deffendons à tous autres Iuges quelsconques: Et vous mandons & ordonnons que vous ayez à proceder incessamment à l'expedition & iugement desdits Procez, selon les formes pratiquées dans ledit Parlement, & selon l'vsage & coustumes de nostredite Prouince de Normandie, Le tout iusques à ce que par Nous ayt esté pourueu de Iuges pour faire la fonction dudit Parlement; de ce faire vous auons donné & donnons tout pouuoir, authorité, commission & mandement special par cesdites presentes : Mandons à tous nos Iusticiers, Officiers & Subjects qu'il appartiendra, vous recognoistre & vous rendre l'obeïssance pour ce deuë; mesmes ausdits Greffiers, leurs Clercs ou Commis, Aduocats & Procureurs de ladite Cour de Parlement, & à tous nos officiers de Iustice de nostre Prouince de Normandie, qui ressortissoient nuëment d'icelle Cour, de satisfaire & obeyr chacun de sa part au contenu audit Arrest & des presentes, sans y apporter aucun retardement : Commandons à tous nos Huissiers & Sergents requis, faire pour l'execution d'iceluy Arrest & desdites presentes, tous actes de Iustice necessaires, sans que pour ce il leur soit besoin d'autre placet, visa ne pareatis, nonobstant clameur de Haro, Chartre Normande, prise à partie, & autres choses contraires, Ausquelles nous auons dérogé & dérogeons : Voulons iceluy nostredit Arrest & cesdites presentes estre leuës, publiées & affichées par tout où besoin sera, à ce que nul n'en pretende cause d'ignorance, & qu'aux coppies d'icelles collationnées par l'vn de nos Secretaires ou par deux Notaires Royaux, foy soit adioustée comme à l'Original : CAR tel est nostre plaisir. Donné à Sainct Germain en Laye le quatriesme iour de Ianuier, l'An de grace mil six cens quarante. Et de nostre Regne le trentiesme. Signé, LOVIS. Et plus bas, Par le Roy, PHELYPEAVX. Et scellé du grand sceau de cire jaulne.

Leuës, publiées & registrées, ce requerant du Bosquet pour le Procureur General du Roy, pour estre obseruées selon leur teneur, Et les vidimus enuoyez par les Bailliages & Vicomtez de ce Ressort, pour y estre pareillement leuz, publiez & registrez, suiuant l'Arrest des Commissaires deputez par sa Majesté pour tenir son Parlement. A Roüen ce neufiesme iour de Ianuier mil six cens quarante. *Signé,* *VAIGNON.*

Extraict des Registres du Conseil d'estat.

E ROY ayant par ses Lettres patentes du dixseptiesme iour de Decembre dernier, interdit sa Cour de Parlement de Roüen, & enjoint aux Officiers d'icelle de sortir la Ville dans quatre iours, & se rendre à la suitte de la Cour, lesdites Lettres signifiées audit Parlement les Chambres assemblées, par Tourte & le Gay Huissiers du Conseil, le troisiesme du present mois de Ianuier, & par Arrest dudit Conseil du quatriesme iour dudit mois euoqué tous les Procez tant ciuils que criminels pendans audit Parlement & Requestes du Palais d'iceluy, pour estre iugez & terminez audit Conseil dans les formes accoustumées dudit Parlement, & suiuant les coustumes de la Prouince de Normandie: Et d'autant que les sacs & productions, enquestes, informations, & autres pieces seruans à l'instruction desdits Procez ciuils & criminels à iuger, estans és mains des Conseillers dudit Parlement & Requestes du Palais, doiuent estre remis par eux aux Greffes, afin que le iugement d'iceux ne soit retardé, & que la Iustice soit continuée & renduë aux subjects de sa Majesté, lesquels autrement en receuroient notable prejudice, Il est necessaire que lesdits Conseillers rendent lesdits Procez à iuger, & en soient deschargez auant leur depart, & voulant y pouruoir, SA MAIESTÉ EN SON CONSEIL, a ordonné & ordonne, Que les Conseillers tant dudit Parlement que Requestes du Palais, remettront aux Greffes dudit Parlement & Requestes du Palais, tous les sacs, productions, enquestes, informations & autres actes qu'ils ont és mains des Procez à iuger, dans trois iours pour toutes prefixions & delaiz, autrement & à faute de ce faire, qu'ils y seront contraints par toutes voyes deuës & raisonnables, & seront tenus & responsables en leurs propres & priuez noms de tous les despens, dommages & interests que les parties pourront souffrir par le retardement & instruction desdits Procez. Faict au Conseil d'Estat du Roy, tenu à Roüen le cinquiesme iour de Ianuier mil six cens quarante.

Signé, GALLAND.

Collationné aux originaux par moy Conseiller Secretaire du Roy & de ses Finances.

COMMISSION DV ROY, aux Conseillers d'Estat & Maistre des Requestes de son Hostel pour tenir son Parlement à Roüen.

EXTRAICT DES REGISTRES DV *Conseil d'Estat.*

LE Roy s'estant faict representer en son Conseil l'Arrest d'iceluy du quatriéme du present mois, rendu sa Majesté y estant, par lequel veu ses lettres Patentes du dixseptiéme Decembre dernier, portant interdiction aux Officiers de la Cour de Parlement de Roüen, de la fonction de leurs charges, elle auroit en attendant l'establissement d'vne autre Compagnie, Euoqué à soy & à sondit Conseil tous les procez & differends tant Ciuils que Criminels pendans en ladite Cour, pour y estre iugez selon les formes & procedures accoustumées estre obseruées en ladite Cour : & d'autant que le Conseil de sa Majesté est occupé en des affaires tres-importantes à son seruice, & ne peut au moyen de ce, presentement vacquer à rendre & distribuer la Iustice à ses subiets de la Prouince de Normandie, & iuger les procez pendants en ladite Cour, & voulant neantmoins pouruoir pour le soulagement de sesdits subjets à leur faire rendre la iustice audit Parlement: SA MAIESTE' estant en son Conseil a ORDONNE'

ET ORDONNE que par les Conseillers en son Conseil d'Estat & Maistres des Requestes Ordinaires de son Hostel estans en la ville de Roüen pres Monsieur le Chancelier, qu'elle a commis & deputez à cét effect, la Iustice sera renduë & distribuée audit Parlement de Roüen, & les procez Ciuils & Criminels meus & à mouuoir en iceluy éuocquez au Conseil par ledit Arrest du quatriéme du present mois, iugez & terminez, auquel effect ils s'assembleront au Palais dudit Parlement és Chambres & lieux accoustumez, y tiendront les Audiances, & iugeront lesdits procez Ciuils & Criminels selon les formes, vsages & Coustumes de ladite Prouince, & ce iusqu'à ce que par sadite Majesté ait esté fait establissement d'vne autre Compagnie pour tenir ledit Parlement: Enjoinct sadite Majesté aux Greffiers, Aduocats, Procureurs & Huissiers de ladite Cour, de continuer par deuant lesdits Commissaires la fonction de leurs charges, & faire tout ce qui sera necessaire pour l'instruction & iugement desdits procez, ainsi & en la forme qu'ils faisoient en ladite Cour, à peine d'interdiction & priuation de leurs charges, & de tous les despens, dommages & interests des parties: Faict au Conseil d'Estat du Roy, tenu à Sainct Germain en Laye, le Roy y estant, le septiéme Ianuier mil six cens quarante.

Signé, PHELYPEAVX.

LOVIS, par la grace de Dieu Roy de France & de Nauarre, A nos amez & feaux Conseillers en nostre Conseil d'Estat, & Maistres des Requestes ordinaires de nostre Hostel, estans en nostre ville de Roüen pres de nostre tres-cher & feal le sieur Seguier, Cheualier, Chancelier de France, Salut: Par l'Arrest de nostredit Conseil d'Estat, dont

Extraict est cy attaché, ce iourd'huy donné, Nous auons ordonné que la Iustice seroit par vous renduë & distribuée en nostre Parlement de Roüen, & les procez meuz & à mouuoir en iceluy éuoquez en nostre Conseil par Arrest d'iceluy du quatriéme du present mois, par vous iugez & terminez selon les formes & coustumes obseruées en nostre Prouince de Normandie, & qu'à cét effect vous vous assemblerez au Palais dudit Parlement, tiendrez les Audiances, iugerez & deciderez les procez és Chambres & lieux accoustumez, iusques à ce qu'il ait esté par nous pourueu à l'establissement d'vne compagnie pour tenir ledit Parlement : A CES CAVSES, Nous vous auons commis & deputez, commettons & deputons par ces presentes signées de nostre main, pour rendre & distribuer la Iustice en nostredit Parlement de Roüen, y iuger & terminer les procez meuz & à mouuoir selon les formes & coustumes obseruées en nostredite Prouince, & à cét effect vous vous assemblerez au Palais de nostredit Parlement, & és Chambres & lieux accoustumez, tiendrez les Audiances, & iugerez lesdits Procez Ciuils & Criminels, tout ainsi & à la mesme forme que faisoient les Officiers de nostredite Cour de Parlement auparauant leur Interdiction. Mandons à tous nos Iusticiers, Officiers & subjets qu'il appartiendra, ce faisant, de vous obeyr & recognoistre, mesmes aux Greffiers, leurs Clercs & Commis, Aduocats, Procureurs & Huissiers dudit Parlement, de satisfaire & obeyr chacun à son esgard, audit Arrest du quatriéme du present mois, à celuy de ce iourd'huy, & à ces presentes, Commandons & tres-expressément enjoignons à nos Huissiers & Sergeans sur ce requis faire pour l'entiere execution d'iceux, & des Arrests qui seront par vous rendus audit Parlement, tous exploicts & autres actes necessaires, sans pour ce demander aucune permission ny Pareatis, nonobſtant clameur de Haro, Chartre Normande, priſe à partie & autres choſes à ce contraires, Auſquelles nous auons deſrogé & deſrogeons par ceſdites preſentes, aux coppies collationnées deſquelles par l'vn de nos amez & feaux Conſeillers & Secretaires, foy ſera adiouſtée comme à l'Original: CAR tel eſt noſtre plaiſir. DONNE' à S. Germain en Laye le ſeptiéme iour de Ianuier l'An de grace mil ſix cens quarante, & de noſtre Regne le trentieſme, Signé, LOVIS. Et plus bas, par le Roy, PHELYPEAVX, Et ſcellé ſur ſimple queuë du grand Sceau de cire jaune auec vn contreſcel: Et à coſté eſt eſcrit,

LEuës, publiées & regiſtrées, ce requerant du Boſquet pour le Procureur General du Roy, pour eſtre obſeruées ſelon leur teneur, & les Vidimus enuoyés par les Bailliages & Vicomtez de ce reſſort, pour y eſtre pareillement leus & regiſtrés ſuiuant l'Arreſt donné par les Commiſſaires deputez par Sa Majeſté pour tenir ſon Parlement à Roüen, ce neufiéme de Ianuier mil ſix cens quarante.

Signé, VAIGNON.

Commiſsion de la Charge de Procureur General au Parlement de Roüen.

OVIS PAR LA GRACE DE DIEV, ROY DE FRANCE ET DE NAVARRE: A noſtre amé & feal Conſeiller Iuge ciuil & Lieutenant criminel en noſtre Ville, Viguerie & Vicomté de Narbonne le Sieur François Boſquet, Salut. En ſuite de l'interdiction que nous auons faite à tous nos Officiers de la Cour de Parlement de Roüen de la fonction de leurs charges, Nous auons par Arreſt en datte de ce iour, euoqué à nous & à noſtre Conſeil tous les procés & differens ciuils & criminels pendans en ladite Cour, & d'iceux attribué à noſtredit Conſeil toute cour, iuriſdiction & cognoiſſance, Et auons auſſi ordonné que les appellations des Iugemens rendus par les Iuges de noſtre Prouince de Normandie qui reſſortiſſoient nüement en ladite Cour ſeront releuées en noſtredit Conſeil, auquel nous auons enjoinct de proceder inceſſamment à l'expedition & Iugement deſdits procés ſelon les formes pratiquées dans ledit Parlement & ſelon l'vſage & couſtumes de noſtredite Prouince, le tout juſques à ce que nous ayons pourueu de Iuges pour faire la fonction dudit Parlement, Et d'autant qu'en conſequence de ce que deſſus, il eſt neceſſaire pour faire la charge du Parquet aux affaires ſuſdites, de commettre vn perſonnage qui en ſoit capable, ayans jugé ne pouuoir pour ce faire meilleur choix que de vous, pour la cognoiſſance que nous auons de vostre vertu & merite, & de vostre experience aux affaires de Iustice. A CETTE CAVSE, nous vous auons commis & ordonné, commettons & ordonnons par ces presentes signées de nostre main, pour faire la charge du Parquet aux affaires sus mentionnées euoquées en nostredit Conseil, & dont nous luy auons attribué la cognoissance, & joüir par vous d'icelle charge aux honneurs, rangs & fonctions qui y appartiennent, & aux appointements qui vous seront par nous ordonnez, Vous mandans & enjoignans de faire aux parties bonne & briefue expedition & Iustice, Voulons que tant que vous exercerez ladite charge, les actes qui seront émanez dudit Parquet soient de pareille force & vertu comme s'ils estoient émanez du Parquet d'vne de nos Cours de Parlement, les ayans tous dés à present comme pour lors à cette fin validez & validons par cesdites presentes, le tout comme dessus, jusques à ce que nous ayons pourueu de Iuges pour faire la fonction dudit Parlement, DE CE FAIRE, vous auons donné & donnons plain pouuoir, auctorité, commission & mandement special, Mandons à tous nos Officiers, Iusticiers & sujects qu'il appartiendra, vous recognoistre, entendre & obeyr és choses concernans ladite charge, CAR TEL est nostre plaisir. DONNE' à Saint Germain en Laye le quatriesme iour de Ianuier, l'an de grace mil six cẽs quarante, Et de nostre regne le trentiesme. Signé, LOVIS Et plus bas, PAR LE ROY. PHELYPEAVX Et scellé sur simple queuë du grand sceau de cire iaune, Et à costé,

Registrées és Registres de Messieurs les Commissaires deputez par sa Maiesté pour tenir son Parlement de Normandie, A Rouen

le neufiesme iour de Ianuier mil six cens quarante.

Signé, *VAIGNON.*

L'AN mil six cens quarante le septiesme iour de Ianuier, A la requeste du sieur Bosquet denommé és Lettres patentes du Roy en forme de Commission de l'autre part transcriptes, Lesdites Lettres ont esté par nous Nicolas Tourte Huissier ordinaire de sa Majesté en ses Conseils d'Estat & Priué, monstrées, signifiées, deüement fait assauoir, & d'icelles baillé & laissé copie aux fins y contenuës à la communauté des Aduocats au Parlement de la ville de Roüen, & ce en la Maison & domicile de Maistre Anthoine Deschamps l'vn d'iceux & scindic de ladite communauté pour eux tous, Parlant a François Cahart son seruiteur domestique audit domicile en ladite ville de Roüen, Monseigneur le Chancelier & le Conseil du Roy y estant, à ce qu'ils n'en ignorent.

Signé, TOVRTE.

LEsdits iour mois & an à l'instant à la requeste que dessus, pareille signification à esté faite & semblable copie baillée desdites Lettres aux mesmes fins à la communauté des Procureurs de ladite Cour de Parlement, & ce en la Maison & domicile de Maistre Adrian Bradechal l'vn d'iceux, doyen & scindic de ladite communaute pour eux tous, parlant a sa Personne audit domicile en ladite ville, à ce qu'ils n'en ignorent.

Signe, TOVRTE.

Commiſsion pour la Iuriſdiction des Requeſtes du Palais.

LOVIS PAR LA GRACE DE DIEV, ROY DE FRANCE ET DE NAVARRE, A nos chers & bien amez Mes Anthoine Deſchamps, Centurion de Cahaignes, Louys Radulphi, Iean de Leſdos, Iacques Cocquerel, & Iacques Euſtache, Aduocats en noſtre Cour de Parlement de Normandie à Roüen, Salut. Par nos Lettres patentes du 17. du mois paſſé, ſignifiées le troiſiéme du preſent, Nous auons interdit à tous nos Officiers de noſtre Cour de Parlement de Roüen, tout exercice & fonction de leurs charges, & faict defences à nos ſubjects de les recognoiſtre en qualité de Iuges. Et d'autant qu'entre leſdits Officiers, les Conſeillers Commiſſaires en la Iuriſdiction des Requeſtes du Palais audit lieu y ſont compris, Et qu'à cette occaſion il eſt neceſſaire pour l'expedition des affaires qui y ſont pendantes, de nommer & commettre des perſonnes capables, Iugeans ne pouuoir pour ce faire meilleur choix que de vous, ſur la confiance que nous prenons en vos ſens, ſuffiſance, experience au faict & adminiſtration de la Iuſtice, & en voſtre fidelité & affection au bien de nos affaires & ſeruice. A CES CAVSES, Nous vous auons commis & ordonnez, commettons & ordonnons par ces preſentes ſignées de noſtre main, pour tenir & exercer la Iuſtice

& Iurisdiction desdites Requestes du Palais de Roüen, au lieu & place desdits Officiers interdits, & joüir par vous desdites charges aux honneurs, auctoritez, preéminences, pouuoirs & fonctions qui y appartiennent, & aux appointemens qui vous seront par nous ordonnez, Voulons que ce pendant que vous exercerez ladite Iustice & Iurisdiction, les Iugemens, Sentences & tous autres actes qui serõt par vous faicts & donnez, soient de pareille force & vertu qu'estoient ceux desdites Requestes auant ladite Interdiction, & que sont ceux des autres Requestes des Palais de nostre Royaume, les ayans à cette fin dés à present comme pour lors validez & validons par cesdites presentes le tout iusques à ce que par nous autrement en ayt esté ordonné, DE CE FAIRE vous donnons pouuoir, auctorité, commission & mandement special, MANDONS à nos amez & feaux Conseillers en nostre Conseil d'Estat, & Maistres des Requestes ordinaires de nostre Hostel, tenans à present nostre Cour de Parlement à Roüen, que ces presentes ils fassent lire, publier & registrer, au contenu se conformant, iceluy fassent obseruer & entretenir par tous ceux & ainsi qu'il appartiendra, Enjoignons à tous nos officiers & subjects du ressort de ladite Cour, vous recognoistre & obeyr és choses dépendans du faict de vosdites charges sans difficulté, CAR TEL est nostre plaisir. DONNE' à Saint Germain en Laye le neufiesme iour de Ianuier mil six cens quarante, Et de nostre Regne le trentiesme. Signé, LOVIS. Et plus bas, PAR LE ROY, PHELYPEAVX. Et scellé sur simple queuë d'vn grand seeau de cire jaune. Et à costé est escript,

Leuës, publiées & registrées, oy & ce requerant Bosquet pour le Procureur General du Roy, pour estre executées selon leur forme

& teneur, Et les copies collationnées enuoyées par les Bailliages & Vicomtez de ce Ressort, pour y estre pareillement leuës, publiées & registrées, Et enioinct aux Substituts dudit Procureur General en faire les diligences, & certifier les Commissaires deputez par sa Maiesté pour tenir son Parlement à Roüen dans le mois, à peine de suspension de leurs charges, suiuant l'Arrest de ce iour treiziesme Ianuier mil six cens quarante.

Signé, VAIGNON.

Extraict des Registres du Conseil Priué du Roy.

SVR la Requeste presentée au Roy en son Conseil par le sieur Bosquet, Commis par sa Majesté pour faire la charge du Parquet en son Parlement de Roüen pendant l'interdiction des Officiers d'iceluy, contenant qu'il y a plusieurs Instances audit Conseil afin d'euocation de diuers procés & differents qui sont pendans audit Parlement, fondées sur les Parentés & alliances des officiers de ladite Cour, lesquels ayans esté Interdits de la fonction de leurs charges par la Declaration de sa Majesté du   du present mois de Ianuier, & tous les procés dudit Parlement éuoquez à son Conseil par Arrest, duquel elle a commis de nouueaux Iuges pour administrer la Iustice au lieu desdits Officiers, Requeroit attendu qu'au moyen de ladite Interdiction la cause desdites éuocations cesse, Qu'il pleust à sa Majesté ordonner que sans s'arrester ausdites Instances qui demeureront côme pour non aduenuës, les parties des procez dont l'éuocation est demandée, continuëront leurs poursuites sur iceux audit Parlement, & par deuant lesdits sieurs Commissaires, tout ainsi qu'elles auroient peu faire auparauant la demande afin desdites éuocations : VEV ladite Requeste, lesdites Declarations & Arrests rendus en consequence : LE ROY EN SON CONSEIL, Ayant esgard à ladite Requeste, sans s'arrester aux instances pendantes audit Conseil, afin d'Euoquation dudit Parlement de Roüen, sur les Parentés & Alliances des Officiers d'iceluy, A ORDONNE' & ordonne que la pourſuite des procés & differents dont l'Euoquation eſtoit demandée, ſera continuée audit Parlement par deuant leſdits ſieurs Commiſſaires, tout ainſi qu'auparauant leſdites inſtances. FAICT au Conſeil Priué du Roy, tenu à Roüen le dixiéme iour de Ianuier mil ſix cens quarante.

Signé, FORCOAL.

LOVIS par la grace de Dieu, Roy de France & de Nauarre, A nos amez & feaux Conſeillers en nos Conſeils d'Eſtat & Priué, Les Commiſſaires par nous deputez pour tenir le Parlement de Roüen, Salut. Par l'Arreſt cy attaché ſous le contreſeel de noſtre Chancelerie, ce jourd'huy donné en noſtre Conſeil ſur la Requeſte preſentée en iceluy, par noſtre auſſi Amé & feal Conſeiller audit Conſeil le ſieur Boſquet par nous Commis pour faire la charge du Parquet audit Parlement pendant l'interdiction des Officiers d'iceluy, Et ſans s'arreſter aux inſtances pendantes audit Conſeil afin d'Euoquation dudit Parlement de Roüen, ſur les Parentés & Alliances des Officiers de ladite Cour, NOVS auons ordonné que la pourſuite des procés & differents dont l'éuoquation eſtoit demandée, Sera continuée par deuant vous tout ainſi qu'auparauant leſdites inſtances : A CES CAVSES, Vous mandons & ordonnons faire auſdites Parties ſur leſdits procés & differents bonne & briefue Iuſtice, Vous en attribuant à cette fin toute Cour, Iuriſdiction & cognoiſſance, & icelle interdiſons & deffendons à tous autres Iuges, Commandons à noſtre Huiſſier ou Sergent premier ſur ce requis, ſignifier ledit Arreſt à tous qu'il appartiendra à ce qu'ils n'en pretendent cause d'ignorance, leur faire de par nous deffences d'y contreuenir ny attenter aucune chose au prejudice d'iceluy : A peine de tous despens, dommages & interests, & au surplus pour son entiere execution, tous exploicts & publications necessaires, sans demander autre permission : Et sera adjousté foy comme aux originaux aux copies dudit Arrest & des presentes collationnées par l'vn de nos Amez & feaux Conseillers & Secretaires : CAR tel est nostre plaisir, Nonobstant clameur de Haro, Chartre Normande, & lettres à ce contraires. DONNE' à Roüen, le dixiéme iour de Iannier l'an de grace mil six cens quarante, & de nostre Regne le trentiéme. Et plus bas, Par le Roy en son Conseil. FORCOAL. Et seellé sur simple queuë du grand sceau de cire jaune auec vn contre-scel.

Leuës, publiées & registrées, oy & ce requerant Bosquet pour le Procureur General du Roy, pour estre executées selon leur forme & teneur, & que copies collationnées seront enuoyées par les Bailliages & Vicomtez de ce ressort, pour y estre pareillement leuës, publiées & registrées, suiuant l'Arrest donné par les Commissaires deputez par sa Majesté pour tenir son Parlement à Roüen, ce iourd'huy douziéme Ianuier mil cens six quarante.

Signé, VAIGNON.

LOVIS PAR LA GRACE DE DIEV, ROY DE FRANCE ET DE NAVARRE, A nos amez & feaux les Sieurs Seguier, Conseiller en nostre Conseil d'Estat, & President en nostre Cour de Parlement de Paris, & Crespin, Violé, Menardeau, Feydeau, Bouchet, Paluau, Neuelet, Ianuier, Du Four, Biet, Regnault, Sarrau, Tamboneau, Bourlon, Le Clerc Courselles, Conseillers en nostredicte Cour, Salut. Les rebellions & sousleuemens populaires dont nostre Prouince de Normandie à esté depuis n'agueres agitée, ayans pris naissance dans nostre Ville de Roüen, laquelle comme la principale s'est précipitée inconsiderément dans la desobeïssance, par la tollerence & peu de soin de nostre Cour de Parlement, & autres Magistrats & Officiers de ladite ville, lesquels adherans à tous ces desordres, auroient attiré par leur mauuais exemple & donné lieu aux actions violentes qui se sont passées, au mespris de nostre auctorité dans ladite Prouince, Et ne pouuans dissimuler vne telle faute, nous aurions pour la reprimer & ne la laisser impunie, Interdit par nos Lettres de Declaration du dixseptiesme iour de Decembre dernier, signifiées audit Parlement le troisiesme du present, nos Officiers de nostredicte Cour de tout exercice & fonction de leurs charges soit en corps ou autrement, auec defence à tous nos subjects du ressort d'icelle de les recognoistre en qualité de Iuges. Et d'autant qu'il est necessaire, pour ne laisser nosdits subjects dépourueus de nostre Iustice souueraine pendant ladite interdiction, de cómettre des personnages de qualité requise qui la leur puisse rendre, au lieu & place de nostredite Cour, Nous auons estimé ne pouuoir pour ce faire meilleur ny plus digne choix que de vos personnes. A CES CAVSES, & à plain confians de vos sens, suffisance, experience au faict de ladite Iustice & bóne diligence, comme aussi de vostre fidelité & affection au bien de nostre seruice, NOVS vous auons commis, ordonnez & deputez, commettós, ordónons & deputons par ces presentes signées de nostre main, pour exercer la Iustice souueraine, au lieu & place de nostredite Cour de Parlemét de Roüen, & joüir par vous desdites charges aux hóneurs, auctoritez & preéminéces qui y appartiennent, & aux appointemens qui vous serót par nous ordónez, Voulons pendát que vous exercerez ladite Iustice, que les Arrests, Iugemens, & autres actes qui serót par vous donnez, soient de pareille force & vertu que s'ils estoient émanez d'vne de nos Cours souueraines, Les ayans à cette fin dés à present comme deslors validez & validons par cesdites presentes, le tout jusques à ce que par nous autrement en ayt esté ordonné, DE CE FAIRE vous donnons pouuoir, auctorité, commission & mandement special, Enjoignons à tous nos Officiers & subjects du ressort de ladite Cour vous recognoistre obeyr & entendre és choses dépendans du faict de vos charges, CAR TEL est nostre plaisir, DONNE' à Saint Germain en Laye le quatriesme iour de Ianuier l'an de grace mil six cens quarante, Et de nostre Regne le trentiesme. Signé, LOVIS. Et plus bas, PAR LE ROY. PHELYPEAVX. Et scellé sur simple queuë d'vn grand Sceau de cire jaune.

LOVIS Par la grace de Dieu, Roy de France & de Nauarre, A nostre amé & feal Conseiller en nostre Conseil d'Estat, nostre Procureur General en nostre Cour des Aydes à Vienne le Sieur de la Fosse, François du Fossé, Salut. Par nos Lettres patentes du 17. du mois passé, signifiées le troisiesme du present, Nous auons Interdit à tous nos Officiers de nostre Cour de Parlement à Roüen, l'exercice & fonction de leurs charges, En suite de ce, par autres nos Lettres patentes du 4. ensuiuant, nous auōs commis aucuns nos amez & feaux Presidens & Conseillers en nostre Cour de Parlemēt à Paris, pour exercer la Iustice souueraine sur nos subjects au lieu & place de ladite Cour, Et d'autant qu'entre les Officiers d'icelle Interdits, nostre Procureur General y est compris, & qu'à cette occasion il est necessaire de commettre vn Personnage capable pour faire cette charge, ayans jugé ne pouuoir faire meilleur choix que de vous, pour la cognoissance que nous auons de vostre vertu & merite, de vostre experience aux affaires de Iustice, & de vostre fidelité & affection au bien de nostre seruice, dont vous nous auez rendu preuue en diuers importans employs que nous vous auons commis, dont vous vous estes acquitté au cōtentement de nous & du public. A CES CAVSES, Nous vous auons commis & ordonné, commettons & & ordonnons par cette presente signée de nostre main, pour faire la charge de nostre Procureur General en nostredite Cour de Parlement de Roüen, &

d'icelle ioüir & vſer par vous aux honneurs, auctoritez, pouuoirs, rangs & fonctions qui y appartiēnent, & aux appointemens qui vous ſeront par nous ordonnez, Vous mandons & enjoignons de rendre à nos ſubjects bonne & briefue expedition & Iuſtice, Voulons que tous les actes qui ſeront émanez de vous ſoyent de pareille force & vertu que céux de nos autres Procureurs Generaux en nos Parlemens, les ayans dés à preſent comme pour lors à cette fin validez & auctoriſez, validons & auctoriſons par cettedite preſente, DE CE FAIRE, vous donnons pouuoir, auctorité, commiſſion & mandement ſpecial. Mandons à tous nos Officiers, Iuſticiers & ſubjects qu'il appartiendra, vous recognoiſtre, entendre & obeïr és choſes touchans & concernans ladite charge, Le tout juſques à ce que par nous autrement en ayt eſté ordonné, CAR TEL eſt noſtre plaiſir. DONNE' à Saint Germain en Laye le 29. iour du mois de Ianuier l'an de grace mil ſix cens quarante, Et de noſtre Regne le trentieſme. Signé, LOVIS. Et plus bas, PAR LE ROY. PHELYPEAVX. Et ſcellé ſur ſimple queuë d'vn grand ſceau de cire jaune.

Leuës, publiées & registrées és Regiſtres du Parlement, Oy & ce requerant du Foſſé Commis par le Roy pour y faire la charge de ſon Procureur General, pour eſtre executées ſelon leur teneur, Et que copies collationnées des preſentes ſeront enuoyées par les Bailliages & Vicomtez de ce Reſſort, pour y eſtre pareillement leuës, publiées & regiſtrées a ce qu'elles ſoient renduës notoires, Et enioinct aux Subſtituts dudit Procureur General certifier les Commiſſaires de ſa Maieſté de leur diligence au mois. Faict à Roüen en Parlement l'audience ſeant, le dernier iour de Ianuier mil ſix cens quarante.

Signé, *VAIGNON.*

Commission du Substitut du Procureur General au Parlement de Roüen.

LOVIS PAR LA GRACE DE DIEV ROY DE FRANCE ET DE NAVARRE, Au sieur Choppin Aduocat en nostre Parlement de Paris, Salut: Estant necessaire pour l'acceleration de nos affaires & des particuliers qui se traictent en nostre Parlement de Roüen, d'establir des Substituts de nostre Procureur General en iceluy lequel ne peut vacquer aux affaires, les voir, examiner sans estre secouru & assisté du moins d'vn Substitut : A quoy desirant pouruoir bien informé de vostre suffisance, experience au fait de Iudicature, & de vostre fidelité & affection en nostre seruice: A CES CAVSES Nous vous auons commis & deputé, commettons & deputons par ces presentes signées de nostre main, pour exercer ladite charge de Substitut de nostre dit Procureur de nostredit Parlement de Roüen, tout ainsi & à l'instar des Substituts de nostre Procureur General audit Parlement de Paris, & aux mesmes honneurs, authoritez, prerogatiues, priuileges, franchises, droicts, profits, reuenus & emolumens, & aux appoinctemens qui vous seront par nous ordonnez iusques à ce qu'autrement par nous y ait esté pourueu: Mandons à nos amez & feaux les Presidens Conseillers par nous commis pour tenir nostredit Parlement de Roüen, & à nostre amé & feal Conseiller par nous aussi commis à la charge de Procureur General de nostredit Parlement, qu'apres le serment de vous pris & receu en tel cas requis & accoustumé, il vous mette & institué en l'exercice & fonction de la presente Commission, & d'icelle vous face iouyr & vser, sans souffrir qu'il vous y soit donné aucun trouble ny empeschement: Car tel est nostre plaisir, Donné à S. Germain en Laye, le vingt quatriéme iour de Féurier l'an de grace mil six cens quarante, & de nostre regne le trentiéme. Signé, LOVIS, & plus bas par le Roy, PHELYPEAVX, & seellé sur simple queuë du grand seel en cire iaulne.

Les presentes ont esté leuës publiées & enregistrées, ouy & ce requerant le Procureur General du Roy, apres que ledit sieur Choppin fait entrer en la Chambre à presté le serment en tel cas requis & accoustumé: Fait en Parlement, le cinquiéme Mars mil six cens quarante.

Commission pour les Requeſtes du Palais.

LOVIS PAR LA GRACE DE DIEV ROY DE FRANCE ET DE NAVARRE, A noſtre cher & bien amé Maiſtre René Choppin Aduocat en noſtre Cour de Parlement de Paris, Salut : Par nos Lettres Patentes du 9. du mois paſſé, Nous auons commis nos chers & bien amez Anthoine des Champs, Centurion de Cahaignes, Louys Radulph, Iean Deleldos, Iacques Coquerel & Iacques Euſtache Aduocats en noſtre Cour de Parlement de Roüen, pour tenir & exercer la Iuſtice & Iuriſdiction des Requeſtes du Palais audit Roüen, & d'autant que nous auons depuis iugé neceſſaire, d'augmenter leur nombre iuſqu'à ſept, à plein confians de vos ſens, ſuffiſance, experience au fait & adminiſtration de la Iuſtice & en voſtre fidelité & affection au bien de noſtre ſeruice : A CES CAVSES Nous vous auons commis & ordonné commettons & ordonnons par ces preſentes ſignées de noſtre main, pour auec les ſieurs Aduocats par nous commis par noſdites Lettres du 9. du mois paſſé, conioinctement tenir execer ladite Iuſtice & iuriſdiction deſdites Requeſtes du Palais à Roüen, auec pareil pouuoir, authorité, fonction & aux meſmes appoinctemens qu'eux, & qui vous seront par nous ordonnées, tout ainsi & en la mesme forme & maniere que si vous estiez auec les susdits nommément compris en nosdites lettres, & iusqu'à ce que par nous autrement en ait esté disposé : Mandons à nos amez & feaux les Commissaires tenans nostre Cour de Parlement à Roüen, & ausdits Commissaires tenans les Requestes du Palais audit lieu de faire registrer ces presentes à icelles le conformer, les faire obseruer & entretenir, & vous faire recognoistre par tout & ainsi qu'il appartiendra sans difficulté : Car tel est nostre plaisir, Donné à S. Germain en Laye le troisiéme iour de Féurier l'an de grace mil six cens quarante, & de nostre regne le trentiéme. Signé, LOVIS, & plus bas par le Roy, PHELYPEAVX, & scellé sur simple queuë du grand seel de cire jaulne.

Leuë publiée enregistrée, ouy & ce requerant le Procureur General du Roy : Faict en Parlement, le septiéme Féurier mil six cens quarante.

Lettres patentes du Roy, ſur le faict des recuſations des cauſes pendantes au Parlement.

OVIS PAR LA GRACE DE DIEV, ROY DE FRANCE ET DE NAVARRE, à tous ceux qui ces preſentes lettres verront, Salut. Ayans fait choix en noſtre Cour de Parlement à Paris, de nos amez & feaux les Preſident & Conſeillers en icelle, que nous auõs commis pour tenir noſtre Cour de Parlement à Roüen, Nous auons grand plaiſir d'entendre cõme par eux il eſt fait bonne & briefue Iuſtice à nos ſubjects, mais d'autant que le nombre deſdits Sieurs Cõmiſſaires eſt moderé, & qu'ils ne forment & compoſent qu'vne Chambre, nous ſommes bien informez qu'aucuns plaideurs mal intentiõnez & artificieux, ne preſumãs pas bien de l'éuenenemẽt de leurs procés, recuſent legeremẽt & ſans cauſe pluſieurs deſdits Sieurs Commiſſaires, en ſorte qu'il ne reſte pas nombre ſuffiſant de Iuges pour Iuger les cauſes & recuſations propoſées, en ſuite dequoy ils demandent des éuocations, Et outre ce, qu'ils pretendent encores que lors que l'vn deſdits Sieurs Commiſſaires ſe trouue intereſſé en vne affaire, elle doibt eſtre renuoyée en vn autre Parlement, d'autant que par nos Ordonnances il eſt porté que lors que dans vne Chambre de Parlement il y à vn des Iuges intereſſé en vn procés pendant en icelle, ce procés doibt eſtre renuoyé en vne autre Chambre, le tout à deſſein de tirer les procés en longueur, & les rendre s'ils pouuoient immortels, à quoy voulans remedier & pouruoir, De l'Aduis de noſtre Conſeil, & de noſtre certaine ſcience, plaine puiſſance & auctorité Royale, Nous auons dict & declaré, diſons & declarons par ces preſentes ſignées de noſtre main, noſtre vouloir & intention eſtre, que s'il arriue que cy apres les parties plaidantes recusent legerement & sans causes & raisons valables tel nombre desdits Sieurs Cõmissaires, qu'il n'en reste pas suffisammẽt selon nos ordonnances pour Iuger les causes de recusation, En ce cas, nostre amé & feal Conseiller premier President commis en nostredite Cour, choisira & appellera d'entre ceux qui auront esté ainsi recusez, jusques au nombre requis par nosdites Ordonnances, pour auec les non recusez Iuger lesdites recusations : Comme aussi, nous voulons & entendons que ceux desdits Sieurs Commissaires qui ont ou auront interest aux procés & differents meus & à mouuoir en nostredite Cour, s'abstiendront de la cognoissance & Iugement d'iceux, & que ces mesmes procés & differents seront Iugez & terminez par les autres Sieurs Commissaires en nombre suffisant, le tout nonobstant nos Ordonnances au contraire, ausquelles nous auons dérogé & dérogeons par cesdites presentes, & aux dérogatoires des dérogatoires y contenuës. SI DONNONS en Mandement ausdits Sieurs Commissaires tenans nostre Cour de Parlement à Roüen, que ces presentes ils fassent lire, publier & registrer, & le contenu en icelles garder, obseruer & entretenir, sans y contreuenir, ny souffrir qu'il y soit contreuenu, Mandons à nostre amé & feal nostre Procureur General en nostredite Cour, de faire pour ce subject les requisitions, poursuites & diligences necessaires, & de faire publier & afficher par tout ou besoin sera, à ce qu'aucun n'en pretende cause d'ignorance cesdites presentes, aux copies desquelles faites soubs seel royal, nous voulons foy estre adjoustée comme à l'original, CAR TEL est nostre plaisir : EN TESMOING dequoy nous y auons fait mettre nostre seel. DONNE' à Saint Germain en Laye le dixiesme iour de Feburier, l'an de grace mil six cens quarante, Et de nostre Regne le trentiesme. Signé, LOVIS. Et sur le reply, PAR LE ROY. PHELYPEAVX. Et seellé sur double queuë d'vn grand seel en cire jaune.

Leuës, publiées & registrées és Registres du Parlement, Oy & ce requerant du Fossé Commis par le Roy pour y faire la charge de son Procureur General, pour estre executées selon leur teneur, Et que copies collationnées des presentes seront enuoyées par les Bail-

liages & Vicomtez de ce Ressort, pour y estre pareillement leuës, publiées & registrées à ce qu'elles soient renduës notoires, Et enioinct aux Substituts dudit Procureur General certifier les Commissaires de sa Maiesté de leur diligence au mois. Faict à Roüen en Parlement l'audience seant, le quatorziesme iour de Feburier mil six cens quarante.

Signé, VAIGNON.

DECLARATION DV ROY, portant Interdiction de la Cour des Aydes de Roüen.

LOVIS PAR LA GRACE DE DIEV ROY DE FRANCE ET DE NAVARRE, A tous ceux qui ces presentes Lettres verront, Salut. Comme nous sommes obligez pour soustenir les despences de la guerre de faire diuerses leuées sur nos peuples, Nous auons fait l'establissement de plusieurs droicts par nos Declarations & Arrests de nostre Conseil, dont souuent pour éuiter les longueurs qu'apportent les Compagnies à l'enregistrement, nous ne leur en auons fait l'adresse, Mais nous nous sommes contentez de suiure les formes accoustumées en pareille nature d'affaires qui sont plus promptes à l'execution : Neantmoins lors que nous en pensions tirer le secours & l'assistance en nostre Prouince de Normandie, nostre Cour des Aydes establie en nostre Ville de Roüen, par vn attentat extraordinaire sur nostre Auctorité, a fait des deffences de faire aucunes leuées de deniers, ny de mettre à execution aucuns Edicts qu'ils n'eussent esté enregistrez en leur Compagnie : Ce qui a donné suject à nos subjects de noſtredite Prouince (ſous ce pretexte) de retarder de payer ce que nous auions ordonné, & en ſuitte de faire les ſouſleuemens qui ſont arriuez en icelle : Au moyen dequoy nous auons eſté priuez (au grand prejudice de nos affaires) du prompt ſecours que nous nous eſtions promis deſdites leuées. Et d'autant que ce procedé qui eſt tres-prejudiciable à noſtre ſeruice, a eſté cauſe des deſordres qui ſe ſont paſſez en ladite Prouince, nous oblige à faire ſentir à ladite Cour des Aydes les effects de noſtre indignation, & la priuer de l'auctorité dont elle abuſe & s'eſt rendu indigne. SÇAVOIR FAISONS, Que Nous pour ces cauſes, De l'Aduis de noſtre Conſeil, où eſtoient noſtre tres-cher & tres amé Frere vnique le Duc d'Orleans, & autres principaux Seigneurs & Officiers de cette Couronne, AVONS dit & declaré, diſons & declarons par ces preſentes ſignées de noſtre main, voulons & nous plaiſt, Que ladite Cour des Aydes de Roüen & les Officiers d'icelle demeurent interdicts, Comme de fait nous les interdiſons de tout exercice & fonction de leurs charges, Deffendons à tous nos ſubjects de les recognoiſtre en qualité de Iuges, Declarans dés à preſent tous Arreſts, Iugemens, & autres actes que ladite Cour pourroit rendre cy-apres, ſoit en corps ou autrement, nuls & de nul effect, & ce iuſques à ce que par Nous autrement en ayt eſté ordonné. Commandons à nos Huiſſiers qu'à ce faire commettons, ſe tranſporter à ladite Cour des Aydes de Roüen, & icelle ſeante, luy ſignifier ces preſentes nos lettres d'interdiction, à ce qu'elle n'en pretende cauſe d'ignorance, luy faiſant commandement d'y defferer & obeyr, Et aux Officiers d'icelle de ſortir quatre iours apres ladite ſignification, de ladite Ville, & ſe rendre à noſtre Cour & ſuitte, ſur peine d'eſtre procedé contre eux comme contreuenans à nos commandemens; Faisant à cette fin par lesdits Huissiers tous exploicts requis & necessaires, sans demander placet, visa, ne pareatis; Nonobstant aussi Clameur de Haro, Chartre Normande, prise à partie, & autres choses à ce contraires, CAR tel est nostre plaisir: En tesmoing dequoy nous auons fait mettre nostre scel à cesdites presentes. DONNE' à Sainct Germain en Laye le dixseptiesme iour de Decembre, l'an de grace mil six cens trente-neuf. Et de nostre Regne le trentiesme. Signé, LOVIS. Et sur le reply, Par le Roy, PHELYPEAVX. Et scellé sur double queuë d'vn grand scel en cire jaulne.

L'An mil six cens quarante, le troisiéme iour de Ianuier, enuiron les neuf à dix heures de matin, Nous Nicolas Tourte & Claude le Gay Huissiers ordinaires du Roy en ses Conseils d'Estat & Priué soussignez, suiuant le cõmandement à nous donné de la part de sa Majesté par ordre de Mõseigneur le Chancelier, sommes transportez par deuers les Sieurs Presidens & Conseillers du Roy de la Cour des Aydes de Roüen, assemblez au lieu où ils exercent la Iustice deuant l'Eglise Nostre Dame, & parlant à eux, leur auons monstré & signifié les Lettres patentes de sa Majesté, portant Interdiction de l'exercice & fonction de leurs charges, données à Sainct Germain en Laye le dixseptiéme iour de Decembre dernier, Signées LOVIS. Et sur le reply, Par le Roy, PHELYPEAVX. Et scellées du grand Sceau de cire jaulne: Desquelles leur a esté fait lecture à haute voix par nous le Gay, & leur auons fait commandement de par sa Majesté de se separer presentement, & retirer chacun d'eux en leurs Maisons, sans faire aucune assemblée ny deliberation, & declaré qu'ils n'ont plus de pouuoir de faire aucune fonction de leurs charges; A quoy ils ont satisfait, & sommes demeurez en la Chambre où ils estoient assemblez, iusques & apres les auoir veus tous sortir d'icelle, ausquels auons baillé & laissé coppie desdites Lettres, auec autant de nostre present procez verbal, & icelle mise és mains de l'vn d'iceux: Et à l'instant auons enjoint à Maistre Charles de l'Estoille Greffier en chef de ladite Cour des Aydes, estant en ladite Chambre, d'aller trouuer mondit Seigneur le Chancelier, & luy porter ſon Regiſtre qu'il tient en l'exercice de ſon Greffe, Ce qu'il a promis faire : Laquelle ſignification, Interdiction & contenu cy-deſſus, nous auons à l'inſtant denoncé & fait ſçauoir aux ſieurs Gens du Roy de ladite Cour, parlant au ſieur le Page Procureur General, eſtant en ladite Chambre, à ce que de leur part ils ayent à y obeïr & ſatisfaire.

Signé, TOVRTE. & LE GAY.

DECLARATION DV ROY,

Portant Cõmiſsion à la Cour des Aydes de Paris, pour exercer la Iuſtice de la Cour des Aydes de Roüen.

Regiſtrée & publiée en la Cour des Aydes de Paris, les 12. & 18. Ianuier 1640.

LOVIS, par la grace de Dieu, Roy de France & de Nauarre, A nos amez & feaux, les Gens tenans noſtre Cour des Aydes à Paris, Salut : Noſtre Cour des Aydes de Roüen, ayant depuis n'agueres, par vn attentat extraordinaire ſur noſtre authorité, fait deffences de faire aucunes leuées de deniers dans l'eſtenduë de ſon reſſort, ny de mettre aucuns Edicts à execution, qu'ils n'euſſent au prealable eſté enregiſtrez par leur Compagnie. Cette entrepriſe auroit donné occaſion, ſous ce pretexte, à nos ſujets de noſtre Prouince de Normandie, de retarder à payer ce que nous auons ordonné eſtre leué ſur eux, pour nous ayder à ſouſtenir les dépenſes de la guerre, & de faire en ſuite les ſouſleuemens qui s'y ſont paſſez au préjudice de noſtre ſeruice, & de la tranquilité de nos bons ſujets. Et d'autant qu'vne telle faute merite vn chaſtiment exemplaire, Nous auons pour la reprimer, interdit par nos Lettres de Declaration du 15. du preſent, nos Officiers de ladite

Cour des Aydes de Roüen, de tout exercice & fonction de leurs Charges, soit en Corps ou autrement ; Auec deffences à tous nos suiets de son ressort de les recognoistre en qualité de Iuges. Et comme il est necessaire, pour ne laisser nosdits sujets despourueus de nostre Iustice Souueraine pendant ladite Interdiction, Nous auons estimé à propos de donner des personnages de qualité requise, qui la leur puisse administrer. En quoy sçachant ne pouuoir faire vne meilleure, ny plus digne eslection que de vos personnes, mesmes à cause de la proximité de nostredite Prouince de Normandie. A CES CAVSES, & à plein confians de vos sens, suffisance, experience au fait de ladite Iustice, & bonne diligence ; Ensemble de vostre fidelité, & affection au bien de nostre seruice, Nous vous auons attribué & attribuons par ces presentes, signées de nostre main, la cognoissance de tous les procez & differends, meus & à mouuoir entre nos suiets du ressort de nostredite Cour des Aydes de Roüen, qui sont de sa Iurisdiction ; Vous ordonnant de faire aux parties bonne & briefue Iustice. Voulons que les Arrests, Iugemés, & autres actes qui seront par vous rendus en la qualité susdite, soient de telle force & vertu, que ceux qui sont par vous donnez sur les procez & differends de nos sujets de vostre ressort. Les ayant à ceste fin dés à present, comme dés lors validez, & validons par cesdites presentes : Le tout iusques à ce que par Nous autrement en ait esté ordonné. De ce faire vous donnons pouuoir, authorité, commission, & mandement special. Enjoignons à tous nos suiets du ressort de ladite Cour des Aydes de Roüen, de vous recognoistre, obeyr, & entendre és choses despendantes du faict de vos Charges : Et au Greffier de ladite Cour des Aydes de Roüen, ses Clercs ou Commis, de porter ou enuoyer incontinent, & sans delay, au Greffe de nostredite Cour des Aydes de Paris, tous les papiers, pieces & procedures qu'il aura en ses mains, concernans les procez & differends de nosdits sujets de ladite Cour des Aydes de Roüen. A quoy faire, en cas de refus, ils seront contraints par le premier nostre Huissier sur ce requis, par toutes voyes deuës, raisonnables & accoustumées en tel cas, sans pour ce demander placet, visa, ne pareâtis, nonobstant Clameur de Haro, Chartre Normande, & prise à partie: Car tel est nostre plaisir. Donné à S. Germain en Laye, le quinziéme iour de Decembre, l'an de grace mil six cens trente neuf. Et de nostre regne le trentiéme. Signé, LOVIS. Et plus bas, par le Roy, PHELYPEAVX. Et scellée du grand sceau de cire jaune.

Leuës, publiées, & registrées en la Cour des Aydes à Paris, l'Audience tenant le 18. Ianuier 1640. Ouy & ce requerant le Procureur general du Roy, pour estre executées selon leur forme & teneur, & suiuant l'Arrest de ladite Cour des Aydes de Paris. Donné les Chambres assemblées, le 12. iour dudit mois de Ianuier 1640.

Signé, BOVCHER.

EXTRAICT DES REGISTRES de la Cour des Aydes.

VEV par la Cour les Chambres assemblées, les Lettres Patentes du Roy, données à Sainct Germain en Laye le quinziéme Decembre mil six cens trente-neuf, signées LOVIS. Et plus bas, par le Roy, PHELYPEAVX. Et scellées sur simple queuë du grand sceau de cire iaune. Par lesquelles, & pour les causes y contenuës, sa Majesté attribuë à ladite Cour la cognoissance de tous les procez & differends meus & à mouuoir entre ses sujets du ressort de sa Cour des Aydes de Roüen, qui sont de sa Iurisdiction, luy ordonnant de faire aux parties bonne & briefue Iustice, validans les Arrests & Iugemens qui seront par elle donnez, iusqu'à ce qu'autrement par sadite Majesté en ait esté ordonné. Enjoignant à sesdits suiets de la recognoistre, & luy obeyr; & au Greffier de ladite Cour des Aydes de Roüen, ses Clercs & Commis, de porter ou enuoyer incontinent & sans delay au Greffe de ladite Cour, tous les papiers, pieces & procedures qu'il aura en ses mains, concernant les procez & differends de sesdits sujets, le tout ainsi que plus au long le contiennent lesdites Lettres, Conclusions du Procureur general du Roy: Et tout consideré, LA COVR a ordonné & ordonne lesdites Lettres estre registrées au Greffe d'icelle, pour estre executées selon leur forme & teneur: Ce faisant ordonne qu'elles seront leuës & publiées en icelle, l'Audiance tenant, & que coppies d'icelles deuëment collationnées par le Greffier de ladite Cour, seront enuoyées és Sieges des Eslections & Greniers à Sel du ressort de ladite Cour des Aydes de Rouen, pour y estre pareillement leuës & publiées à la diligence des Substituts du Procureur general du Roy esdites Eslections & Greniers à Sel. Fait à Paris en la Cour des Aydes, le douziéme iour de Ianuier mil six cens quarante.

Signé, BOVCHER.

Collationné aux originaux par moy Conseiller, Secretaire du Roy & de ses Finances.

DECLARATION du Roy, portant Interdiction des Officiers du Bureau des Finances de Roüen.

LOVYS PAR LA GRACE DE DIEV ROY DE FRANCE ET DE NAVARRE, A tous ceux qui ces presentes Lettres verront, Salut: Les Charges de Tresoriers de France ayans esté principalement establies par les Roys nos predecesseurs & par Nous pour faciliter la leuée & imposition de nos deniers, selon que la necessité du temps & des affaires le pouuoit requerir pour le bien de cét Estat. Nous deuions esperer sur les occasions qui se passent & nous obligent à des despenses extraordinaires pour nous opposer aux desseins & entreprises de nos ennemis: Que les Officiers du Bureau de nostre Generalité de Roüen, fauoriseroient, autant qu'il despend du faict de leurs Charges, l'Imposition des sommes que nous sommes contraints de faire leuer sur nos Subiects de ladite Generalité, pour subuenir aux despences de la Guerre, & nous tesmoigneroient ce qui est de leur fidelité & affection au bien de nostre seruice: Mais tant s'en faut qu'ils ayent satisfaict à ce qui est en cela de leur deuoir, qu'au contraire par vn mespris preiudiciable à nostre Authorité, qui fait voir la part qu'ils ont prise aux soufleuemens populaires qui sont arriuez depuis n'agueres, tant en ladite Ville de Roüen qu'autres de la Prouince de Normandie; ils ont refusé de restablir dans ladite Ville les Bureaux de Recepte de nos Droicts qui auoient esté bruslez par les seditieux. Ce qui a retardé la leuée des sommes par Nous ordonnée estre faicte dans l'estenduë de ladite Generalité, & nous priue en ce faisant du prompt secours que nous nous en estions promis : Et d'autant qu'vne si grande faute commise par lesdits Officiers, merite d'estre reprimée, & que nous leur facions sentir les effects de nostre indignation, SÇAVOIR faisons, que Nous, pour ces causes, De l'Aduis de nostre Conseil, où estoient nostre tres-cher & tres-amé Frere vnique le Duc d'Orleans, & autres principaux Seigneurs & Officiers de cette Couronne : AVONS dit & declaré, disons & declarons par ces presentes signées de nostre main, Voulons & nous plaist, Que lesdits Tresoriers de France au Bureau de ladite Generalité de Roüen, demeurent Interdits : Comme de faict Nous les Interdisons de tout exercice & fonction de leurs charges. DEFFENDONS à tous nos Subjects de ladite Generalité, tant comptables qu'autres, de les recognoistre en ladite qualité, Declarons dés à present tous Iugemens, Ordonnances, Sentences & autres Actes qu'ils pourroient rendre cy-apres audit Bureau, nuls & de nul effect, & ce iusques à ce que par nous autrement en ait esté ordonné. Commandons au premier nostre Huissier ou Sergent qu'à ce faire commettons, se transporter au Bureau desdits Tresoriers de France de Roüen, & lesdits Officiers seans, leur signifier ces presentes nos Lettres d'Interdiction, A ce qu'ils n'en pretendent cause d'ignorance, Leur faisant Commandement de par Nous d'y defferer & obeyr, & faire à cette fin tous Exploicts necessaires, sans demander Placet, Visa, ne

Pareatis, Nonobstant Clameur de Haro, Chartre Normande, prise à partie, & autres choses à ce contraires. CAR tel est nostre plaisir, En tesmoin dequoy nous auons faict mettre nostre Scel à cesdites presentes. DONNE' à Sainct Germain en Laye le quinziéme iour de Decembre, l'an de grace mil six cens trente-neuf. Et de nostre regne le trentiesme. Signé, LOVIS. Et sur le reply, Par le Roy, PHELYPEAVX. Et scellé sur double queuë d'vn grand Scel en cire jaune.

L'AN mil six cens quarante, le troisiéme iour de Ianuier, à dix heures du matin, NOVS Nicolas Tourte & Claude le Gay Huissiers ordinaires du Roy en ses Conseils d'Estat & Priué sous signez: Suiuant le Commandement à nous faict de la part du Roy, par ordre de Monseigneur le Chancelier, Sommes transportez au Bureau des Sieurs Presidents & Tresoriers Generaux de France à Roüen, assemblez en iceluy, Ausquels auons monstré, & signifié les Lettres Patentes de sa Majesté, Portant Interdiction de leurs Charges, données à Sainct Germain en Laye, le quinziéme iour de Decembre dernier, signées LOVIS, Et sur le reply, Par le Roy, Phelypeaux, desquelles leur a esté faict lecture à haute voix par nous Tourte: Et leur auons faict Commandement de par sa Majesté de se separer presentement & se retirer chacun d'eux en leurs Maisons, sans faire aucune assemblée ny deliberation. Et declaré qu'ils n'ont plus de pouuoir de faire aucune fonction de leurs Charges, à ce qu'ils n'en pretendent cause d'ignorance, & ayent à y obeyr, A quoy ils ont satisfait, & sommes demeurez audit Bureau iusques & apres les auoir veus tous sortir d'iceluy, Ausquels auons baillé & laissé coppie tant desdites Lettres que du present procez verbal, & icelle mise és mains de l'vn d'eux. Et à l'instant auons enjoinct à Maistre Alexandre Guenet Greffier dudit

Bureau, d'aller trouuer & parler à Mondit Seigneur le Chancelier, & luy porter son Registre qu'il tient en l'exercice de son Greffe, ce qu'il a promis faire.

Signé, TOVRTE, & LE GAY.

Collationné aux Originaux, par moy Conseiller Secretaire du Roy.

COMMISSION DV ROY, pour exercer les charges de Presidens Tresoriers de France & Generaux des Finances au Bureau estably à Roüen.

LOVIS Par la grace de Dieu Roy de France & de Nauarre, A Nos amez & feaux Conseillers en nos Conseils & Maistres ordinaires en nostre Chambre des Comptes à Paris, Les Sieurs de Paris & de Colanges, Salut. Ayans par nostre Declaration du dixseptiesme de Decembre dernier & pour les causes y contenuës, Interdit aux Presidens, Tresoriers de France & Generaux de nos Finances au Bureau estably à Roüen, l'exercice & fonction de leurs charges, Et à ceste occasion estant necessaire d'establir en leurs places pendant ladite Interdiction & jusques à ce que par nous autrement en ayt esté ordonné, des personnes de probité & fidelité affectionnez au bien de nos affaires & seruice, Et ne pouuant faire meilleur choix que de vos personnes en qui resident toutes lesdites qualitez. A CES CAVSES, pour l'entiere confiance que nous prenons de vous, NOVS vous auons commis, ordonnez & deputez, commettons, ordonnons & deputons par ces presentes signées de nostre main, pour faire l'exercice & fonction de tout ce qui dépend des charges de Presidents Tresoriers de France & Generaux de nos Finances en ladite Generalité de Roüen, aux mesmes pouuoirs, authoritez, preeminences, & tout ainsi qu'en joüissoient lesdits Presidents Tresoriers de France auparauant ladite Interdiction, & aux estatz & appointements qui vous serons par nous ordonnez, desquels vous serez payez des deniers de nostre Espargne de quartier en quartier, tant & si longuement que durera la presente Commission & jusques à ce que par nous autrement en ayt esté ordonné, Enjoignons aux Greffiers, Clercs de Greffes, Concierge du Bureau, Huissiers d'iceluy, & à tous nos officiers comptables de ladite Generalité, & autres nos officiers & subjects qu'il appartiendra, de vous recognoistre & obeyr à l'effect de la presente Commission & dépendances d'icelle. MANDONS à nos amez & feaux Conseillers les Gens de nos Comptes à Roüen, de faire registrer ces presentes, & vous administrer tous papiers estans en icelle dont vous aurez besoin pour l'execution de la presente Commission, Mesmes de vous donner rang & seance honorable en icelle si le bien de nostre seruice vous y appelle, CAR TEL est nostre plaisir. DONNE' à Saint Germain en Laye le neufiesme iour de Ianuier, l'an de grace mil six cens quarante, Et de nostre regne le trentiesme. Signé, LOVIS. & plus bas, PAR LE ROY. PHELYPEAVX. Et scellé sur simple queuë du grand sceau de cire jaune, Et au dessoubs est escrit.

Leuës, publiées & registrées au Bureau des Finances de la Generalité de Roüen, pour estre executées selon leur forme & teneur,

Et ordonné que copies collationnées des preſentes ſeront enuoyées aux Officiers des Eſlections, Greniers à Sel, & autres lieux du reſſort de ceſte generalité que beſoin ſera, à la diligence du Greffier dudit Bureau, lequel l'en certifiera dans la quinzaine de ce jourd'huy vingtroiſieſme de Ianuier mil ſix cens quarante.

Signé. GVENET.

DECLARATION du Roy, portant Interdiction du Lieutenant General de Roüen.

LOVYS PAR LA GRACE DE DIEV ROY DE FRANCE ET DE NAVARRE, A tous ceux qui ces presentes Lettres verront, Salut. Nostre plus grand desir estant de procurer tousiours autant qu'il nous est possible vn ferme & asseuré repos à tous nos sujects, nous nous serions occupez cette derniere campagne à visiter nos frontieres, & pouruoir autant qu'il nous a esté possible à tout ce qui seroit necessaire, pour empescher que les ennemis de nostre Estat ny fissent aucun progrez qui nous fust prejudiciable & desauantageux, ce qui nous auroit reüssy autant heureusement que nous le pouuions esperer, Et comme pendant nostre voyage nous deuions attendre qu'en nostre Prouince de Normandie, & particulierement en nostre Ville de Roüen, nos Officiers & Magistrats contribueroient ce qui seroit du debuoir de leurs charges, pour y maintenir toutes choses en tranquilité : Nous auons sçeu auec déplaisir que s'esloignans de l'affection naturelle à laquelle ils nous sont obligez : Mesmes le Lieutenant General de ladite ville auroit par sa lascheté & conniuence souffert tous les sousleuemens

& desordres qui y sont arriuez, lesquels ont produit en suitte les actions violentes ausquelles les seditieux se sont portez, au grand mespris de nostre auctorité, sans qu'il s'y soit opposé par le debuoir de sa charge, & celle de Maire perpetuel de ladite Ville, qui luy donne vne plaine auctorité sur les habitans, au moyen de laquelle il luy eust esté facile d'arrester le mal en sa naissance, Enquoy il se trouue auoir cõmis vne faute si importante, que nous ne la pouuons dissimuler, au contraire nous sommes obligez de la punir par vn chastiment exemplaire: afin de retenir dans le debuoir ceux qui se voudroient porter a l'aduenir à de semblables actions. SÇAVOIR FAISONS, Que nous pour ces causes, De l'Aduis de nostre Conseil, où estoient nostre tres cher & tres-amé Frere vnique le Duc d'Orleans, & autres principaux Seigneurs & Officiers de cette Couronne: AVONS dit & declaré, disons & declarons par ces presentes signées de nostre main, voulons & nous plaist, Que ledit Lieutenant General de nostredite Ville de Roüen, demeure Interdit; Comme de faict Nous l'Interdisons de tout exercice & fonction de sa Charge. DEFENDONS à tous nos Subjets de son ressort, de le recognoistre en la qualité de Iuge, Declarans dés à present comme deslors, tous Iugemens, Sentences & autres Actes ou il pourroit assister & rendre cy apres, nuls & de nul effect, Et ce iusques à ce que par nous autrement en ayt esté ordonné. Commandons à nos Huissiers signifier ces presentes nos Lettres d'Interdiction audit Lieutenant General, à ce qu'il n'en pretende cause d'ignorance, & ayt a y defferer & obeïr, Luy faisant en outre commandement, de sortir de ladite Ville quatre iours apres la signification de cesdites presentes, & se rendre à nostre cour & suitte, sur peine d'estre procede contre luy, comme contreuenant à nos commandemens, faisant à cette fin par lesdits Huissiers tous exploicts requis & necessaires, sans demander placet, visa, ne pareatis, Nonobstant Clameur de Haro, Chartre Normande, prise à partie, & autres choses à ce contraires. CAR TEL est nostre plaisir, En tesmoing dequoy nous auons faict mettre nostre Scel à cesdites presentes. DONNE' à Saint Germain en Laye le dixseptiesme iour de Decembre, l'an de grace mil six cens trente-neuf, Et de nostre regne le trentiesme. Signé, LOVIS. Et sur le reply, Par le Roy, PHELYPEAVX. Et scellé sur double queuë d'vn grand Scel en cire jaune.

L'AN mil six cens quarante, le neufiesme iour de Ianuier, Nous Nicolas Tourte & Claude le Gay Huissiers ordinaires du Roy en ses Conseils d'Estat & Priué souzsignez : Suiuant le Commandement à nous faict de la part de sa Majesté, par ordre de Monseigneur le Chancelier, Nous sommes transportez en l'Hostel commun de la Ville de Roüen, ou estant le sieur Lieutenant General de ladite Ville, cõme Maire perpetuel d'icelle, assemblé auec tous les Maire, Escheuins, Conseillers & autres Officiers dans leur Bureau, Nous luy auons, parlant à sa personne, monstré & signifié les Lettres Patentes de sa Majesté, Portant Interdiction de sa Charge de Lieutenant Generál, données à Saint Germain en Laye le dixseptiesme iour de Decembre dernier, signées LOVIS, Et sur le reply, Par le Roy, Phelypeaux, & scellées du grand sceau de cire jaune en double queuë, desquelles luy a esté fait lecture a haute voix, par nous le Gay : Et luy auons faict Commandement de par sa Majesté de se retirer & sortir de ladite Ville quatre iours apres la presente signification, & se rendre à la cour & suitte de ladite Majesté, sur peine d'estre procedé contre luy comme contreuenant a ses commandemens, Et faict deffences de faire aucune fonction de sa Charge jusques à ce que par sadite Majesté autrement en soit ordõné, desquelles lettres & present procés verbal luy auons baillé & laissé coppie, à ce qu'il aye a y obeir, & n'en pretende cause d'ignorance.

Signé, TOVRTE. & LE GAY.

Collationné aux Originaux, par moy Conseiller Secretaire au Roy.

COMMISSION POVR exercer la charge de Lieutenant General à Roüen.

LOVIS PAR LA GRACE DE DIEV, ROY DE FRANCE ET DE NAVARRE, A nostre amé & feal Maistre Charles Boulays, Lieutenant Particulier au Bailliage & Siege Presidial de Roüen, Salut. Ayant par nos lettres de Declaration du dixseptiéme Decembre mil six cens trente neuf, Interdit le Lieutenant General de nostre ville de Roüen de tout exercice & fonction de sa charge, jusques à ce que par nous autrement en ayt esté ordonné, Et estant necessaire pendant ladite Interdiction de commettre en son lieu & place quelque personnage à nous feable, qui puisse en cette qualité administrer la Iustice à nos sujects du ressort du Presidial de ladite ville. A CES CAVSES, bien informez de vostre capacité, suffisance & experience au faict de ladite Iustice & bonne diligence, ensemble de vostre affection & fidelité à nostre service, Nous vous auons commis, ordóné & deputé, commettós, ordónons & deputons par ces presentes signees de nostre main,

Pour exercer ladite charge de Lieutenant General en noſtredite ville de Roüen, & d'icelle joüir & vſer aux honneurs, auctoritez prééminences, gages, droicts, fruicts, proficts, reuenus & émolumens qui y appartiennent; SI DONNONS EN MANDEMENT à noſtre tres-cher & feal Cheualier Chancelier de France, Que de vous pris & receu le ſerment en tel cas requis & accouſtumé, il vous mette & inſtituë, ou face mettre & inſtituer de par nous en ladite charge, & d'icelle joüir & vſer plainement & paiſiblement, & à vous obeïr & entendre de tous ceux & ainſi qu'il appartiendra, le tout comme dict eſt, iuſques à ce que par nous autrement en ait eſté ordonné, CAR TEL eſt noſtre plaiſir. DONNÉ à Saint Germain en Laye le dixhuictieſme iour de [illegible], l'an de grace mil ſix cens trente-neuf, Et de noſtre regne le trentieſme. Signé, LOVIS. Et plus bas, PAR LE ROY. PHELYPEAVX. Et ſcellé ſur ſimple queuë du grand ſceau de cire jaune. Et en marge eſt eſcrit.

Aujourd'huy neufieſme iour de Ianuier mil ſix cens quarante, ledit ſieur Boullays denommé au blanc des preſentes, à faict & preſté es mains de Monſeigneur Seguier Comte de Gyen, Chancelier de France, le ſerment qu'il eſtoit obligé de faire, à cauſe de la charge de Lieutenant General en la ville de Roüen, à laquelle il a eſté commis par ſa Majeſté, Moy Conſeiller Secretaire du Roy & de ſes Finances, & de Mondit Seigneur le Chancelier preſent.

Signé, CEBERET.

*L*Eüe & publiée en Iugement, deuant nous Charles Boullays, Conseiller du Roy, Lieutenant Particulier au Bailliage & Siege Presidial de Roüen, le Mardy dixiesme iour de Ianuier mil six cens quarante, Et ordonné ce requerant le Procureur du Roy, parlãt par Dehebert premier Aduocat de sa Majesté audit Bailliage, Qu'elle sera registrée és registres du Greffe de ce lieu, pour y auoir recours quand besoing sera. Faict comme dessus.*

Signé, BOVLLAYS. DEHEBERT. & LE MARYE'.

Declaration du Roy, portant Interdiction du Corps de Ville de la Ville de Roüen.

OVIS PAR LA GRACE DE DIEV, ROY DE FRANCE ET DE NAVARRE, à tous ceux qui ces presentes lettres verront, Salut. Apres auoir porté nos armes iusques dans les Estatz des anciés ennemis de cette Couronne, auec vne assistance si visible & si particuliere de Dieu, qu'elles ont presque tousiours esté victorieuses: Nous jugeasmes que pour asseurer le dedans de nostre Royaume, il estoit besoin de visiter nos Villes frontieres, afin de donner par nostre presence tous les ordres necessaires, Ce que nous n'eusmes pas plustost executé, qu'aprenant l'oppression de la Duchesse de Sauoye nostre tres-chere Sœur, Nous passasmes en diligence en l'vne des autres extremitez de nostre Royaume, pour la deffendre contre la violence des vsurpateurs de ses Estatz, Et bien qu'en suitte de ces trauaux continuels & des frequents perils ou nous exposions nostre personne pour le repos & pour la seureté de tous nos peuples, nous deussions attendre des effects signalez de leur recognoissance & fidelité, Nous auons sçeu auec vn sensible déplaisir que nos subjects de nostre Prouince de Normandie, & particulieremét de nostre ville de Roüen, s'esloignát du debuoir auquel ils nous sont naturellemét obligez, s'estoient souleuez contre nostre auctorité, auoient pillé les bureaux de nos receptes, trempé leurs mains dans le sang des plus affectionnez à noſtre ſeruice, & en fin porté le fer & le feu en diuers endroicts, Et bien qu'il fuſt ſans doubte au pouuoir des Magiſtrats de noſtredite ville d'eſtouffer cette ſeditiō naiſſante, & dont les commencemens, ainſi qu'il arriue d'ordinaire en ſemblables occaſions, ne pouuoient eſtre que fort foibles, Neantmoins, ſoit par laſcheté, par conniuence, où par tous les deux enſemble, Ils ont veu, les bras croiſez, executer à leurs yeux tout ce que la rage & la violence inſpirent à vne populace, qui ſe laiſſant tranſporter aux premiers mouuemens de ſa fureur, n'eſt retenuë par aucun frain, ny reprimée par vne vigoureuſe reſiſtance des Magiſtrats, qui en des rencontres ſemblables ſont obligez d'expoſer leurs vies pour la deffence de noſtre auctorité; Enquoy ils ont commis vne faute ſi importante, que bien que quelques fois nous ayons vſé de clemence pour pardonner les mouuemens inconſiderez de quelques peuples, qui par les artifices & inductions de perſonnes mal affectionnées à noſtre ſeruice, s'eſtoient eſloignez de leur legitime obeïſſance: Toutesfois en cette occaſion & dans les circonſtances du temps & des affaires preſentes, où rien ne peut eſtre de plus dangereuſe conſequence que l'exemple que cette Ville capitale d'vne grande Prouince a donné d'vne des plus grandes ſeditions, & des plus violents tumultes qui puiſſent arriuer dans vn Eſtat: & ou la diſſimulation ſeroit tres perilleuſe, & le pardon encor plus dommageable que le crime meſme, Il eſt abſolument neceſſaire que ceux qui n'ont peu eſtre retenus par la reuerence qu'ils doibuent naturellement à leur Prince, le ſoient au moins par la rigueur des peines, Affin que ſi ce ſiecle donne des exemples deplorables de ceux qui auctoriſent par leur negligence & par leur laſcheté les ſeditions qu'ils ſont obligez de reprimer par leur vigilence & par leur courage, il en fourniſſe auſſi de leurs chaſtimens, & que l'on apprenne desormais, que comme le bon-heur des peuples consiste en la fidelité & en l'obeïssance qu'ils rendent à leur Souuerain, leur malheur au contraire se rencontre tousiours dans leur infidelité & dans leur reuolte. SÇAVOIR FAISONS, Que nous pour ces causes, estant deuëmẽt informez de la faute & mauuaise cõduite des Officiers dudit corps de Ville sur le faict desdites rebellions, De l'Aduis de nostre Conseil, où estoient nostre tres-cher & tres-amé Frere vnique le Duc d'Orleans, & autres principaux Seigneurs & Officiers de nostre Conseil. AVONS dict & declaré, disons & declarons par ces presentes signées de nostre main, voulõs & nous plaist, Que lesdits Officiers de la Maison de Ville de Roüen demeurent interdicts, Comme de faict nous les interdisons de tout exercice & fonction de leurs charges, Deffendons à tous nos sujets habitans de ladite Ville, & autres, de les recognoistre en ladite, qualité ny defferer à leurs ordres à peine de desobeïssãce, Voulõs que ladite Maison de Ville demeure & soit décheüe de tous ses priuileges, lesquels nous reuoquons à cet effect, La priuant d'abondant de tout le reuenu qui luy pouuoit appartenir de quelque nature qu'il puisse estre, lequel en ce faisant nous auons reüny & reünissons à nostre domaine, le tout jusques à ce que nous en ayons autrement ordonné, Commandons à nos Huissiers qu'à ce faire commettrons, de signifier ces presentes nos Lettres d'Interdictiõ aux Officiers dudit corps de Ville, à ce qu'ils n'en pretendent cause d'ignorance & ayent a y satisfaire & obeyr, Leur faisant en outre commandement de se retirer de ladite Ville, & en sortir quatre iours apres la signification desdites presentes, & se rendre à nostre cour & suitte, sur peine d'estre procedé contre eux comme contreuenans à nos commandemens; Faisant à cette fin par lesdits Huissiers tous exploicts requis & necessaires, sans demander placet, visa, ne pareatis, Nonobstant aussi Clameur de haro, Chartre Normande, prise à partie, & autres choses à ce contraires, CAR TEL est nostre plaisir, En tesmoing dequoy nous auons faict mettre nostre scel à cesdites presentes. DONNE' à Saint Germain en Laye le dixseptiesme iour de Decembre l'an de grace mil six cens trente-neuf, Et de nostre Regne le trentiesme. Signé, LOVIS. Et sur le reply, Par le Roy, PHELYPEAVX. Et scellé sur double queuë d'vn grand scel en cire jaune.

L'An mil six cens quarante, le neufiéme iour de Ianuier enuiron les neuf à dix heures du matin, Nous Nicolas Tourte & Claude le Gay Huissiers ordinaires du Roy en ses Conseils d'Estat & Priué, suiuant le commandement à nous fait de la part de sa Majesté par ordre de Monseigneur le Chancelier, Sommes transportez en l'Hostel commun de cette Ville de Roüen, Mondit Seigneur le Chancelier & le Conseil du Roy y estant, où estoient assemblez les sieurs Escheuins, officiers, & corps de ladite Ville en leur bureau, & parlant à leurs personnes leur auõs monstré & signifié les Lettres patentes de sa Majesté données à Saint Germain en Laye le 17. iour de Decembre dernier, signées LOVIS, & sur le reply, Par le Roy, Phelypeaux, & scellées, Portant lesdites Lettres Interdiction de tout exercice & fonction de leurs charges, Que ladite Maison & Hostel de Ville demeure décheüe de tous ses priuileges, lesquels sa Majesté a reuoquez par lesdictes Lettres, auec priuation de tout le reuenu [illegible] pourroit appartenir audit Hostel de Ville de toute nature que ce soit, [illegible] sa Majesté a reünis à son Domaine jusques à ce qu'elle en ayt ordõné, [illegible] Lettres leur a esté faict lecture à haute voix par nous Tourté, à ce qu'ils [illegible] pretendent cause d'ignorance & ayent à y obeïr, Et leur auons en suitte [illegible] commandement de par sa Majesté de se retirer & sortir de ladite Ville, [illegible] d'eux tant presens qu'absens dudit lieu, dans quatre iours d'huy, & se [illegible] à la cour & suitte de sa Majesté sur les peines y contenuës, desquelles Lettres leur auons baillé & laissé coppie auec autant du present procés verbal [illegible] outre leur auons declaré que suiuant le susdit ordre, nous allons apposer le [illegible] sur toutes les Serrures & Portes des Chambres, Bureaux & Cabinets dudit Hostel de Ville, que nous auons estimé estre necessaires pour la conseruation [illegible] & ainsi qu'il appartiendra, Lequel scellé nous auõs apposé, pour la garde [illegible] le sieur C[illegible] Lieutenant du sieur Grand Preuost de France & de [illegible] de sa Majesté, auec quatre Archers, sont demeurez dans ledit Hostel de Ville.

Signé TOVRTE & LE GAY.

EXTRAICT DES REGISTRES DV CONSEIL D'ESTAT.

LE ROY ayant par ses Lettres Patentes en forme de Declaration du 17. iour de Decembre dernier, pour les causes y contenuës, Interdit les Officiers de la Maison de Ville de Roüen, de l'exercice & fonctiõ de leurs charges, declarée decheüe ladite Maison de Ville de tous ses priuileges, & icelle priuée de tout le reuenu qui luy pouuoit appartenir de quelque nature qu'il puisse estre, lequel sa Majesté auroit reüny à son Domaine, le tout jusques à ce qu'autrement en ayt esté ordonné, lesdites Lettres signifiées le neufiéme du present mois à ladite Maison de Ville, le corps des Officiers assemblé, ausquels conformémẽt ausdites Lettres auroit esté faict commandement de se retirer de ladite Ville, en sortir dans quatre iours apres, & se rendre à la cour & suitte de sa Majesté. Et d'autant qu'il est necessaire de pouruoir au gouuernement & administration des affaires de ladite Maison de Ville dont lesdits officiers prenoient cognoissance auparauant ladite Interdiction. SA MAIESTE' ESTANT EN SON CONSEIL, A ordonné & ordonne, Que par les Sieurs Pouchet, Liesse, Bouclon, Bulteau, Pauyot & Duhamel, qu'elle a commis & deputtez à cét effect, les affaires de ladite Maison de Ville seront regies, gouuernées & administrées ainsi qu'elles estoient par les officiers d'icelle auant ladite Interdiction, Sans neantmoins que lesdits Commissaires puissent prendre qualité de Maire & Escheuins, mais seulement de Commissaires deputtez par sa Majesté pour l'administration & gouuernement de ladite Maison de Ville, ENIOINCT tres-expressément à tous les Bourgeois, Marchands & habitans de ladite Ville, & autres qu'il appartiendra, de recognoistre lesdits Commissaires & defferer à leurs ordres tout ainsi qu'ils faisoient à ceux des officiers de ladite Maison de Ville auparauant ladite Interdiction, & jusques à ce qu'il ayt esté pourueu par sa Majesté à la recepte des deniers & reuenus de ladite Maison de Ville, soit octroys ou patrimoniaux. ENIOINCT tres expressement au Receueur de ladite Maison de Ville de continuer la Recepte, & en tenir bon & fidel registre, lequel il fera parapher par lesdits Cõmissaires, & deffences à luy de se dessaisir des deniers, & de ceux trouuez en ses mains, ou dans les coffres de ladite Maison de Ville lors de ladite Interdiction, que par les ordõnances du Conseil. Faict au Conseil d'Estat du Roy, tenu à Saint Germain en Laye le 10. jour de Ianuier mil six cens quarante. Signé, PHELYPEAVX.

LOVIS par la grace de Dieu, Roy de France & de Nauarre. A Nos chers & bien amez les Sieurs Pouchet, Liesse, Bouclon, Bulteau, Pauyot & Duhamel, Bourgeois & habitans de nostre ville de Roüen, Salut. Suiuant l'Arrest de nostre Conseil d'Estat ce jourd'huy donné, dont l'extraict est cy attaché. Nous vous ordõnons, commetons & deputons par ces presentes signées de nostre main, Pour gouuerner & administrer les affaires de la Maison de nostredite Ville de Roüen, ainsi qu'elles estoiét par les Officiers d'icelle, auant l'Interdiction de l'exercice & fonction de leurs charges, Sans neantmoins que puissiez prendre qualité de Maire & Escheuins, mais seulement de Commissaires par nous deputez pour l'administration &

gouuernement de ladite Maiſon de Ville : DE CE FAIRE, vous donnons pouuoir & mandement ſpecial, Enjoignons tres-expreſſement à tous les Bourgeois, Marchands & habitans, & autres qu'il appartiendra, de vous recognoiſtre & defferer à vos ordres, tout ainſi qu'ils faiſoient à ceux des Officiers de ladite Maiſon de Ville auparauāt ladite Interdiction, & juſqu'à ce qu'il ayt eſté par nous pourueu à la Recepte des deniers & reuenus de ladite Maiſon de Ville reünis à noſtre Domaine, ſoit octroys ou patrimoniaux, Nous commandons & tres-expreſſément enjoignons au Receueur de ladite Maiſon de Ville d'en continuer la Recepte, & en tenir bon & fidel Regiſtre, lequel parapherez, Luy faiſant deffences de ſe deſſaiſir des deniers, & de ceux trouuez en ſes mains, ou dans les Coffres de ladite Maiſon de Ville lors de ladite Interdiction, que par nos Ordonnances, ou de noſtre Conſeil. Commandons au premier Huiſſier de noſtre Conſeil, ou autre ſur ce requis, faire pour l'entiere execution de noſtredit Arreſt & des preſentes, toutes ſignifications, commandemens, deffences, & autres actes & exploicts neceſſaires, ſans demander aucune permiſſion ny pareatis : Nonobſtant Clameur de haro, Chartre Normande & priſe à partie, CAR TEL eſt noſtre plaiſir. DONNE' à Saint Germain en Laye le dixieſme iour de Ianuier, l'an de grace mil ſix cens quarante, Et de noſtre regne le trentieſme. Signé, LOVIS. Et plus bas, Par le Roy. PHELYPEAVX. Et ſcellé du grand ſceau de cire jaune.

Collationné à l'original, par moy Conſeiller Secretaire du Roy & de ſes Finances.

AVjourd'huy vnziesme iour de Ianuier mil six cens quarante, lesdits Sieurs Pouchet, Liesse, Bouclon, Bulteau, Pauyot & Duhamel, dénommez en l'Arrest du Conseil du Roy & Commission cy dessus, Ont fait & presté és mains de Monseigneur Seguier Comte de Gyen, Chancelier de France, le serment qu'ils doibuent à cause de la Commission qui leur est donnée pour l'administration de la Maison de Ville de Roüen, jusques à ce que sa Majesté en ayt autrement ordonné. Moy Conseiller Secretaire du Roy & de ses Finances & de Mondit Seigneur le Chancelier, present.

Signé, CEBERET.

Extraict des Registres du Conseil d'Estat.

E Roy estant informé des grandes commoditez & aduantages que ses Subjets non seulement de la Prouince de Normandie, mais de toutes les autres Prouinces de son Royaume, reçoiuent du commerce & trafic qui se faict dans les Foires accoustumées estre tenuës en sa Ville de Roüen: SA MAIESTE' ESTANT EN SON CONSEIL, Desirant procurer autant qu'elle pourra le bien de ses Subjets, soulager leurs necessitez & leur donner moyen de reparer les pertes que leur cause la guerre : A ORDONNE' ET ORDONNE que la publication de la Foire de la Chandeleur sera faite en tous les lieux ou elle a accoustumé, pour estre ouuerte & tenuë en la mesme forme & pendant le mesme temps & auec les mesmes franchises que les années precedentes, sans que les Marchands puissent estre contraints de payer plus grands droicts que ceux qui ont esté cy deuant leuez esdites Foires, Faisant tres expresses inhibitions & deffences à toutes personnes d'en exiger autres à peine de punition, Et d'autant que pendant la tenuë desdites Foires le Lieutenant General auec les Escheuins de ladite Ville de Roüen, auant qu'ils eussent esté priuez de leur Iurisdiction, prenoient cognoissance de tous les procez & differends qui suruenoient entre les Marchands à raison desdites Foires:

SADITE MAIESTE' Ordonne que le Lieutenant Particulier commis en la charge de Lieutenant General auec les Consuls de ladite Ville de Roüen qu'elle a commis pour cét effect au lieu & place desdits Escheuins, cognoistront de tous les procez & differends qui pourront interuenir entre les Marchands trafiquants à raison de ladite Foire, en la mesme forme & maniere que faisoient lesdits Lieutenant General & Escheuins auant la reuoquation des priuileges de la Ville, & à cét effect sadite Majesté, entant que besoin seroit, leur en a attribué toute Iurisdiction, & cognoissance d'icelle interdite à tous autres Iuges, & ce iusques à ce qu'autrement en ayt esté ordonné : FAICT au Conseil d'Estat du Roy, tenu à S. Germain en Laye, le quatorziéme iour de Ianuier mil six cens quarante. Signé, PHELYPPEAVX.

LOVIS, PAR LA GRACE DE DIEV, ROY DE FRANCE ET DE NAVARRE, Au Lieutenant Particulier du Bailliage de Roüen, Commis à la charge de Lieutenant General d'iceluy, & aux Iuges Consuls de ladite Ville, Salut: Suiuant l'Arrest de nostre Conseil d'Estat, donné ce iourd'huy dont l'Extraict est cy attaché, NOVS ordonnons que la publication de la Foire de la Chandeleur sera faicte en tous les lieux qu'elle a accoustumé, pour estre ouuerte & tenuë en la mesme forme pendant le mesme temps & auec les mesmes franchises que les années precedentes, & par ces presentes signées de nostre main, Vous auons commis & à ce deputez, commettons & deputons pour cognoistre & iuger tous les procez & differends qui pourront interuenir entre les Marchands trafiquants esdites Foires, & pour raison d'icelles, tout ainsi & en la mesme forme & maniere que faisoient aux Foires precedentes, les Lieutenant General & les Escheuins de ladite ville auant qu'ils eussent esté priuez de leur Iurisdiction, vous en attribuant toute Cour, Iurisdiction & cognoissance, & icelle interdisons à tous autres Iuges: De ce faire vous donnons pouuoir & mandement special: COMMANDONS Au premier nostre Huissier ou Sergeant sur ce requis, de faire pour l'entiere execution dudit Arrest & des presentes, toutes publications, commandements, deffences & tous autres actes & exploicts requis & necessaires, sans pour ce demander aucun congé ne parcatis: Nonobstant clameur de Haro, Chartre Normande & lettres à ce contraires: CAR tel est nostre plaisir, Donné à sainct Germain en Laye, le 14. iour de Ianuier l'an de grace 1640. & de nostre regne le trentiéme. Signé, LOVIS. Et plus bas par le Roy, Signé, PHELYPEAVX. Et scellé du grand sceau de cire iaulne.

Extraict des Registres du Conseil d'Estat.

LE ROY AYANT PAR SES LETTRES Patentes, du 17. Decembre dernier, pour les causes y contenuës reuny à son Domaine les reuenus qui appartenoient à l'Hostel de Ville de Roüen, de quelque nature qu'ils puissent estre, Et desirant en auoir vne entiere cognoissance, mesmes de ce qui peut en estre deub des dernieres années 1637. 1638. & 1639. & les despences qui en ont esté faictes: A ORDONNÉ ET ORDONNE Que les Receueurs commis & autres qui ont fait la recepte & maniement desdits reuenus de quelque nature qu'ils puissent estre: Mettront és mains du Secretaire du Conseil dans trois iours pour tous delays les comptes & estats de la recepte & despence qu'ils ont faite desdits deniers pour lesdites années 1637. 1638. & 1639. & feront esdits estats recepte entiere de tous lesdits reuenus, sauf à faire reprise des restes qui en sont deubs, & à recouurer par le menu, & lesquels estats ils verifieront & certifieront au Conseil pour iceux veus estre ordonné ce que de raison: Et à faute d'y satisfaire dans ledit temps, Ordonne sadite Majesté que lesdits Receueurs & Commis seront contraints par les voyes accoustumées pour les deniers & affaires de sa Majesté en leurs propres & priuez noms au payement de ce qui est deub par ledit Hostel de Ville pour les affaires de sa Majesté, tant à cause de la subsistance, emprunts, taxes, qu'autrement: FAICT au Conseil d'Estat du Roy, tenu à Roüen, le 19. iour de Ianuier, mil six cens quarante.

Signé, GALLAND.

DE PAR LE ROY.

IL est ordonné aux Commissaires establis pour l'administration de la Maison de Ville de Roüen, de faire assembler les Capitaines, Lieutenans, Enseignes & principaux bourgeois de ladite Ville en l'Hostel commun d'icelle, pour y entendre les volontez du Roy. Faict à Roüen le dixhuictiesme iour de Ianuier mil six cens quarante. Signé, SEGVIER. Et plus bas, Par Monseigneur, CEBERET.

Extraict des Registres de l'Hostel commun de la Ville de Roüen.

L'AN de grace mil six cens quarante, le Ieudy 19. iour de Ianuier en l'assemblée des Capitaines, Lieutenans, Enseignes & principaux bourgeois de la Ville de Roüen, tenuë en l'Hostel commun de ladite Ville, Deuant nous Charles Boullays Conseiller du Roy, Lieutenant Particulier au Bailliage dudit Roüen, Commis à la charge de Lieutenant general de ladite Ville, Presence de Messieurs Pouchet, Liesse, de Bouclon, Bulteau, Pauyot & Duhamel, Commissaires deputez par le Roy à l'administration & gouuernement de la Maison de Ville dudit Roüen. SVR ce qui a esté representé par Monsieur Pouchet l'vn desdits sieurs Commissaires, qu'ayant esté le iour d'hier reçeuoir les ordres de Monseigneur le Chancelier, Mondit Seigneur leur auoit fait esperer que le Roy desirant par des effects de sa bonté accoustumée soulager cette Ville, Fauxbours & Banlieuë, des dommages, incommoditez & ruines que le logement & nourriture des Gens de Guerre apportoient aux habitans d'icelle, Sa Majesté feroit grace à ladite Ville d'en faire sortir les Troupes dans trois ou quatre iours, pourueu que les habitans donnassent asseurance à sa Majesté de conseruer ladite Ville soubs son obeyssance; Et sur ce Mondit Seigneur leur auoit commandé de conuoquer la presente assemblée, pour luy faire entendre ses intentions, dont il leur auoit fait expedier son Ordonnance, de laquelle lecture ayant esté faite, ensemble de la Commission donnée par sadite Ma esté ausdits Sieurs Commissaires. Il a esté vnanimement declaré par tous les Capitaines, Lieutenans, Enseignes & Bourgeois presens en ladite assemblée, qu'ils prenoient en leur garde ladite Ville de Roüen soubs le bon plaisir de sa Majesté, qu'ils se chargeoient au peril de leurs vies de la conseruer en l'obeyssance & fidelité deüe au Roy leur souuerain Seigneur, comme ils s'y recognoissoient obligez par leur naissance; & qu'ils promettoient de courir sus à tous ceux qui en voudroient troubler le repos, soubs la conduite & commandement de celuy qu'il plairoit à sa Majesté leur ordonner, pour l'absence de Messeigneurs les Gouuerneurs, donnans tout pouuoir ausdits Sieurs Commissaires d'en porter les asseurances à Mondit Seigneur le Chancelier, & en ce faisant, le suplier tres-humblement de descharger ladite Ville, Fauxbourgs & Banlieuë de Roüen du logement desdites Troupes. Et afin que la presente resolution soit notoire à vn chacun, & que tous leurs concitoyens qui ne se sont trouuez en la presente assemblée contribuent à ce dessein. Il a esté arresté qu'elle seroit publiquement leüe Dimanche prochain aux Prosnes des Messes Parroissiales de ladite Ville & Banlieuë, & affichée par tous les Carfours & lieux publics d'icelle Ville. FAICT & deliberé les iour & an que dessus.

Signé, THIAVLT.

EXTRAICT DES REGISTRES DV Conseil d'Estat.

VEV par le Roy en son Conseil, l'Arrest d'iceluy du 3. du present mois de Ianuier, Par lequel & pour les causes y contenuës, Sa Majesté auroit ordonné les restablissemens des Bureaux de ses Fermes & affaires, estre faict par les Cõmissaires par elle pour ce deputez, & le tout mis à sa protectiõ & de ses Capitaines & Bourgeois des quartiers desdits Bureaux, Les procés verbaux desdits Commissaires contenans lesdits restablissemens & injonctions faites par lesdits Commissaires ausdits Capitaines & Bourgeois pour ce appellez : Et d'autant que la pluspart desdits Bourgeois n'ont comparu par deuant lesdits Commissaires pour satisfaire audit Arrest & injonctions, Et desirant sadite Majesté faire viure en paix lesdits Capitaines & Bourgeois, & que pour raison de ce, ils soient obligez & responsables les vns & les autres à la protection desdits Bureaux, soyent qu'ils ayent signé lesdits procés verbaux ou non, & qu'ils ayent esté absens lors d'iceux. SADITE MAIESTE' EN SON CONSEIL, A ordonné & ordonne, Que lesdits Capitaines, Bourgeois & habitans de ladite Ville de Roüen de quelques Parroisses qu'ils dépendent, lesquels n'ont comparu audit restablissement, ny signé les procés verbaux desdits Commissaires, seront tenus de garder & conseruer tous lesdits Bureaux & deniers de sesdites fermes & affaires auec les autres y dénommez, suiuant & conformément audit Arrest & Ordonnances desdits Commissaires sur les peines y contenuës, les y declarant sa Majesté tenus & obligez tout ainsi que s'ils auoient signé lesdits procés verbaux, Et afin que personne n'en ignore, VEVT sadite Majesté que le present Arrest soit leu & publié aux Prosnes desdites parroisses, à son de Trompe & cry public par tous les carfours & lieux accoustumez de ladite Ville de Roüen, Dont les Capitaines seront tenus de retirer les certificats & procés verbaux desdites publications dans huictaine, pour iceux estre mis és mains du Secretaire du Conseil à peine de desobeïssance, & d'en courir les peines portées par ledit Arrest & procés verbaux. FAICT au Conseil d'Estat du Roy, tenu à Roüen le dixneufiesme iour de Ianuier mil six cens quarante.

Signé, GALLAND.

IL eſt ordonné aux Commiſſaires eſtablis pour l'adminiſtration de la Maiſon de la Ville de Roüen, de faire aſſembler le vingt-neufieſme de ce mois dans ladite Maiſon de Ville deux des principaux de chacun corps tant des Officiers, Bourgeois, Marchands, gens de Meſtier, Artiſans, & autres habitans de ladite Ville, des Fauxbourgs & Banlieuë d'icelle de quelque condition qu'ils ſoient, Pour aduiſer aux moyens les plus faciles pour la repartition entre-eux des deniers qui doibuent eſtre impoſez, tant pour le reſte de la ſubſiſtance de l'année derniere, & la preſente, taxes des aiſez, que dédommagement des inthereſſez aux Emotions dernieres arriuées en ladite Ville. FAICT à Roüen ce vingt ſixieſme iour de Ianuier mil ſix cens quarante. Signé, SEGVIER. Et plus bas, Par Monſeigneur, CEBERET.

Extraict des Registres de l'Hostel Commun de la Ville de Roüen.

'AN DE GRACE MIL SIX cens quarante, le Mardy dernier iour de Ianuier, en l'assemblée des deputez des Corps, Bourgeois, Marchands & Gardes des Mestiers de la Ville de Roüen, tenuë en l'Hostel commun de ladite ville deuant nous Charles Boullays Conseiller du Roy, Lieutenant particulier au Bailliage dudit Roüen, commis à la charge de Lieutenant general de ladite Ville, en la presence des Sieurs Commissaires deputez par sa Majesté pour l'administration & gouuernement de la Maison de Ville dudit Roüen. Apres diuerses ouuertures & moyens proposez pour faire le recouurement & repartition de la somme d'vn Million cinquante cinq mil liures, que le Roy desire estre leuée sur ladite Ville de Roüen, pour les causes representées en ladite assemblée, & apres auoir oüy les intentions de sa Majesté sur lesdites propositions, par la bouche de Monseigneur le Chancelier, rapportées par le sieur Pouchet l'vn desdits Sieurs Commissaires. Il a esté resolu en persistant aux deliberations des deux precedentes assemblées, & pour obeïr aux volontez de sa Majesté, qu'il seroit mis & leué soubs le bon plaisir de sadite Majesté des impositions sur les denrées qui se vendent ou consomment en ladite Ville & Banlieuë les moins prejudiciables au commerce, & moins à la foule du peuple, suiuant le Tarif qui en sera fait & arresté, dont les leuées seront faites & continuées du iour & datte de la presente iusques & compris la veille de Pasques, que l'on comptera mil six cens quarante-trois, ſi tant il eſt neceſſaire pour fournir ladite ſomme, Par ce que la reduction qui ſe pourra obtenir de la ſomme de quatre cens mil liures pretenduë par les intereſſez pour leur dédommagement, cedera au profit de ladite Ville, & en diminution de la ſomme, laquelle remplie & acquittée, meſmes auant ledit temps paſſé & expiré, leſdites leuées demeureront ſupprimées, ſans qu'il ſoit beſoin d'obtenir lettres de ſa Majeſté pour leur ſuppreſſion, ny qu'elles puiſſent eſtre continuées pour quelque cauſe & occaſion que ce ſoit : Et pour donner aſſeurance à ſa Majeſté que ladite ſomme ſera fidellement payée & acquittée dans ledit temps, il a eſté arreſté que la preſente reſolution ſeroit ſoubſcripte & ſignée de tous & vn chacun les Bourgeois & Habitans de ladite Ville & Banlieuë, à la diligence des Curez & Treſoriers de chaque Paroiſſe, & qu'en ce faiſant, tous leſdits Bourgeois & Habitans tans preſens qu'abſens, ceux qui n'auront ſigné comme ceux qui auront donné leur ſignature, demeureront également & ſolidairement obligez enuers ſadite Majeſté, de faire valoir leſdites leuées iuſques à ladite ſomme, ou à faute de ce, de payer icelle ſomme dans ledit temps en dix payements, ſçauoir pour la premiere année de ſix en ſix mois, & pour les deux autres, de trois en trois mois & ſix ſepmaines apres chacun terme eſcheu, auec l'inthereſt des ſommes qui ſeront auancées ; Et ou par le malheur du temps ou autrement leſdites Impoſitions ne ſeroient ſuffiſantes pour ſatisfaire au payement de ladite ſomme, il leur ſera permis de les augmenter ou d'en faire de nouuelles : Et ſera ſa Majeſté tres-humblement ſupliée de faire expedier toutes lettres neceſſaires pour l'execution de la preſente reſolution. FAICT & deliberé les an & iour que deſſus.

EXTRAICT DES REGISTRES DV Conseil d'Estat.

LE ROY ayant par ses Lettres patentes en forme de Declaration du 17. Decembre dernier, verifiées tant au Parlement que Chambre des Comptes de Roüen, pour les causes y cõtenuës reüny à son domaine tous les deniers & reuenus patrimoniaux, d'octroy & autres, dont joüissoit l'Hostel commun de ladite Ville de Roüen, & par Arrest de son Conseil du 18. Ianuier dernier, Ordonné que lesdits octroys & aydes qui se leuent sur le Vin, bestiaux, marchandises & denrées qui appartenoient à ladite Ville, seroient donnez à ferme au Conseil pour six années, à commencer du premier dudit mois de Ianuier au plus offrant & dernier encherisseur, pour estre le prix des baux paye a qui & ainsi qu'il sera ordonné par sa Majesté, Et par autre Arrest du 19. dudit mois, sa Majesté pour pouruoir aux despences necessaires à faire en ladite Ville & Fauxbourgs de Roüen, ensemble au payement des rentes & charges assignées sur ladite Ville, Auroit ordonné que le Receueur des deniers communs de ladite Ville en exercice l'année derniere, continueroit la Recepte des deniers deubs des loyers & fermes des Maisons, Boutiques, Eschopes, Places, Halles, Moulins & autres reuenus domaniaux & patrimoniaux de ladite année derniere & des precedentes, pour estre employez ausdites despences, Et à cet effet, que ledit Receueur seroit tenu en mettre les deniers és mains du Receueur du Domaine & autres qui seront commis par sa Majesté pour le payement desdites charges, rentes & despences, jusques à ce qu'autrement il y eust esté pourueu : Et voulant faire vn bon establissemẽt pour la Recepte & dépence desdits deniers, & pouruoir à l'entretenement, reparations & despences necessaires des Ouurages publics de ladite Ville, ensemble au payement des rentes & charges assignées sur lesdits deniers. SA MAIESTE' EN SON CONSEIL, A ordonné & ordonne que la Recepte des loyers, fermes & reuenus des Maisons, Boutiques, Eschopes, Places, Halles, Moulins, & autres domaines patrimoniaux qui appartenoient a ladite Ville, sera faite & continuée a commencer du premier iour de Ianuier dernier, sur les Baux & marchez qui en

ont esté cy deuant faits, & pour le temps qui reste à expirer d'iceux, par
lequel sa Majesté à Commis à cet effect, Et apres ledit temps, que les Baux desdites Maisons, Boutiques, Eschopes, Places, Halles, Moulins & autres domaines patrimoniaux qui apparrenoient à ladite Ville, seront de nouueau faits, & les fermes d'iceux adjugez en la forme ordinaire par le Lieutenant general ou Commis à l'exercice de ladite charge du Bailliage de Roüen, & les Cōmissaires deputez par sa Majesté pour le gouuernement & administratiō de l'Hostel cōmun de ladite Ville, & les deniers en prouenās receus par ledit
lesquels deniers seront par luy employez aux despences necessaires pour l'entretenemēt, reparatiōs des ouurages & necessitez publiques, ensemble au payement des rentes & charges assignées sur ladite Ville par les ordonnances desdits Commissaires, Et à cet effect, ledit
Commis à ladite Recepte, sera tenu fournir de caution, & prester le serment pardeuant lesdits Lieutenant general & Cōmissaires, & de compter par estat au Conseil de la Recepte & despence des deniers de sa Commission de trois ans en trois ans, Ordonne sa Majesté que le Receueur des deniers communs de ladite Ville en exercice l'année derniere, suiuant l'Arrest du Conseil du 19. Ianuier dernier, continuëra la Recepte des deniers deubs à cause desdits domaines patrimoniaux, & escheus jusques au premier Ianuier dernier, & en fournira les deniers és mains dudit
Commis, lequel Commis fera recouurement des deniers du quartier d'Octobre dernier, des fermes des octroys & aydes de ladite Ville, sur les fermiers & redeuables d'iceux, Au payement desquels seront contraincts par les voyes accoustumées pour les deniers & affaires de sa Majesté six sepmaines apres ledit quartier escheu, Et attendu les Baux & adjudications qui se feront au Conseil, à commencer du premier Ianuier dernier desdits octroys & aydes, tous les Baux precedents qui en ont esté faits par ledit Lieutenant general, Commissaires, Escheuins de ladite Ville & autres, demeureront nuls & resolus, Faisant sa Majesté deffences aux adjudicataires & tous autres de s'en ayder, que pour le temps precedēt ledit premier Ianuier dernier. FAICT au Conseil d'Estat du Roy, tenu à Roüen le premier iour de Feburier mil six cens quarante.

Signé, GALLAND.

Extraict des Registres du Conseil d'Estat.

VEV PAR LE ROY EN SON CONSEIL, les Requestes presentées en iceluy par les Fermiers generaux & particuliers Commis aux Bureaux des droicts & impositions qui se leuent au profit de sa Majesté, establis en la Ville de Rouen lors des émotions y suruenuës au mois d'Aoust dernier, & autres ausquels les Maisons ont esté degradées & démolies, meubles & deniers rompus emportez & pillez par les seditieux, Tendantes à ce qu'il pleust à sa Majesté liquider & ordonner le rembourçement des pertes & dommages par eux souffertes lors desdites émotions, contenuës es estatz qu'ils en ont fournis es mains du Secretaire du Conseil, suiuant l'Arrest dudit Conseil du   iour de Ianuier dernier, portant que dās trois iours pour tous delais, ils fourniroient lesdits estatz audit Secretaire du Cōseil, & dās lesquels ils n'employeroient que les pertes veritables par eux souffertes, à peine d'estre declarez décheus du remboursement d'icelles, en cas qu'il se iustifie de faux employs esdits estatz, lesdits estatz, les informations & procés verbaux faits par les Commissaires à ce deputez sur lesdites pertes & dommages. SA MAIESTE' EN SON CONSEIL, apres auoir oüy lesdits Fermiers, Commis, & autres interessez ausdites pertes & dommages, & qu'ils ont juré & affirmé les estatz qu'ils en ont donné contenir verité, se submettant à la perte de leur deub, & du quatruple en cas de verification du contraire, A liquidé & arresté lesdites pertes & dommages faites par lesdits Fermiers, Commis, & autres qui ont souffert pẽdant lesdites émotions, tant en deniers comptans, meubles, que dégradations & démolitions de Maisons & Bureaux, à la somme de quatre cens mil liures, suiuant l'estat general qui en a esté ce jourd'huy arresté au Conseil, Laquelle somme sera payée par les habitans de ladite Ville de Roüen aux particuliers dénommez audit estat conformément à iceluy, des deniers qui seront à cet effect leuez par lesdits habitans, soit par imposition sur eux, où sur les denrées qui se consómmeront en ladite Ville ou autrement ainsi qu'il sera ordonné, & dans les termes qui leur seront accordez par sa Majesté. FAICT au Conseil d'Estat du Roy, tenu à Roüen le premier iour de Feburier, mil six cens quarante.

Signé, GALLAND.

Extraict des Registres du Conseil d'Estat.

LE ROY ayant pour le soulagement des Bourgeois & habitans de sa Ville de Roüen, & faciliter le payement des sommes qu'ils doiuent payer, tant à cause de la somme de quarante trois mil liures de reste de la subsistance de l'année derniere, de la somme de quarante deux mil liures deüe de reste au sieur Euf, de six vingts mil liures, dont il a fourny aux Escheuins de ladite Ville quittance de l'Espargne à leur descharge, de la somme de cent cinquante mil liures à laquelle ladite ville a esté taxée pour la subsistance des Troupes du present quartier d'Hyuer, de la somme de quatre cens vingt mil liures, à laquelle se monte au denier quatorze, trente mil liures de rente à prendre sur les Tailles, ordonnée estre distribuée aux aisez de ladite Ville, & quatre cens mil liures à quoy les pertes & dommages soufferts par les Fermiers Generaux & Particuliers Commis és Bureaux establis en ladite Ville pour la leuée des droicts de sa Majesté, & autres dont les maisons ont esté degradées & demolies & les meubles & deniers pris & pillez pendant les émotions suruenuës en ladite Ville au mois d'Aoust dernier, reuenant lesdites sommes à la somme d'vn million cinquante cinq mil liures, Permis & octroyé ausdits Habitans par Arrest de son Conseil, & Lettres Patentes de ce iourd'huy, la leuée & imposition sur les denrées & marchandises qui se cösommeront en ladite Ville, Fauxbourgs & Banlieuë d'icelle, pendant trois ans, Suiuant le Tariffe cy attaché : Laquelle imposition lesdits Bourgeois & habitans par acte du dernier Ianuier ont supplié sa Majesté leur accorder, Et se sont soubmis & obligez solidairement faire valoir pendant lesdits trois ans ladite somme d'vn million cinquante cinq mil liures : Et outre, de payer les interests des sommes qu'il conuient emprunter pour les aduances necessaires à faire sur lesdits deniers. Et voulant sa Majesté que sa volonté soit executée, & que suiuant icelle ladite somme & interests d'aduance à faire soit payée punctuellement aux termes conuenus & accordez auec lesdits Bourgeois &

Habitans. SA MAIESTE' EN SON CONSEIL, Apres auoir ouy lesdits Bourgeois & Habitans par les Sieurs Pouchet, Liesse, Bouclon, Bulteau, Pauiot & du Hamel Commissaires deputez par sa Majesté pour l'administration & gouuernement de la Maison de Ville dudit Roüen, & de leur consentement, A condamné & condamne lesdits Bourgeois & Habitans de ladite Ville de Roüen solidairement l'vn pour l'autre, vn seul pour le tout, sans diuision ny discution, de payer ladite somme d'vn million cinquante cinq mil liures, ensemble la somme de trente mil liures pour les interests des aduances qu'il conuient faire sur ladite somme, reuenant le tout à la somme d'vn million quatre-vingts cinq mil liures, és mains de celuy, ou ceux ausquels il sera ordonné par l'estat de distribution de ladite somme qui sera arresté au Conseil: A sçauoir, neuf vingts mil huict cens trente trois liures six sols & huict deniers dans le premier Octobre prochain, & le surplus en dix payemens égaux de trois mois en trois mois ensuiuans & consecutifs, chacun payement de quatre-vingts dix mil quatre cens liures traize sols & quatre deniers, A quoy, lesdits termes escheus, lesdits Bourgeois & Habitans seront contraints solidairement comme pour les propres deniers & affaires de sa Majesté, Nonobstant oppositions, appellations, ou empeschemens quelconques, desquelles si aucunes interuiennent, sa Majesté a reserué & retenu en son Conseil la cognoissance, icelle interdicte & deffenduë à toutes ses Cours & Iuges : Et ce faisant lesdits Bourgeois & Habitans iouyront desdites impositions & octroys, conformément ausdits Arrests, Lettres Patentes & Tariffe, pour le temps y declaré: Commettront à la recepte d'icelle qui bon leur semblera, & en prendront & perçeuront les deniers, pour employer aux payemens susdits ou autrement comme ils aduiseront bon estre : à la charge d'en compter par celuy qui sera par eux commis à ladite Recepte, ainsi qu'il est accoustumé pour les deniers d'octroys. FAIT au Conseil d'Estat du Roy tenu à Roüen le sixiéme iour de Féurier mil six cens quarante.

Signé, GALLAND.

Extraict des Registres du Conseil d'Estat.

LE Roy ayant fait Bail & adiudication des Fermes des Octroys & Aydes qui ont cy deuant appartenu à la ville de Roüen, & à present reünies au Domaine de sa Majesté, le sixiéme du present mois, à Iacques Marie, pour six années commencées le premier Ianuier dernier, moyennant cent dix mil liures par chacune desdites années, à la charge d'aduancer la somme de soixante mil liures dans la fin du present mois sur la premiere année dudit Bail: Et voulant sa Majesté faire seruir ladite aduance, & icelle employer aux plus pressées despences à faire pour la Subsistance de ses Trouppes pendant le present quartier d'Hiuer, sauf à reprendre ladite somme sur celle d'vn million quatre vingts cinq mil liures ordonnée estre payée par les Bourgeois & Habitans de ladite ville de Roüen, tant pour ce qu'ils doiuent de reste de ladite Subsistance de l'année derniere, que de la presente, que pour autres causes mentionnées en l'Arrest du Conseil du sixiéme du present mois. SA MAIESTÉ EN SON CONSEIL, a Ordonné & Ordonne que ledit Marie, ses cautions & interessez payeront ladite somme de soixante mil liures dans la fin du present mois, és mains du Thresorier General de l'extraordinaire des Guerres Maistre Nicolas le Page, ou de son Commis, sur ce que lesdits Bourgeois & Habitans de ladite ville de Roüen doiuent de ladite Subsiſtance, tant de l'année derniere, que de la preſente, & à ce ſeront contraints par les voyes accouſtumées pour les deniers & affaires de ſa Majeſté: Et ſera ladite ſomme de ſoixante mil liures remplacée & payée és mains de celuy qui ſera Commis par ſa Majeſté à la Recepte des deniers deſdites Fermes ſur ladite ſomme d'vn million quatre-vingts cinq mil liures deubs par leſdits Bourgeois & habitans aux termes à eux accordez pour le payement d'icelle: Et à cét effect ſera ladite ſomme de ſoixante mil liures employée dans l'eſtat des diſtributions qui ſera arreſté au Conſeil de ladite ſomme d'vn million quatre-vingts cinq mil liures. FAIT au Conſeil d'Eſtat du Roy tenu à Roüen le ſixiéme iour de Féurier mil ſix cens quarante.

Signé, GALLAND.

EXTRAICT DES REGISTRES DU CONSEIL D'ESTAT.

LE ROY ayant ordonné qu'il seroit distribué aux plus riches & aisez de la Ville de Roüen la somme de Trente mil liures de rente sur les Tailles, faisant partie de six cens mil liures ordonnez aux plus riches & aisez du Royaume, par Arrest du 22. Ianuier 1639. A la charge de payer par lesdits aisez de la Ville de Roüen, la somme de Quatre cens vingt mil liures, à laquelle reuiennent lesdits Trente mil liures de rente au denier quatorze: Les Bourgeois & habitans de ladite ville auroient compris ladite somme auec autres sommes par eux deües, & sur le tout passé condemnation solidaire de la somme d'vn Million quatre-vingts cinq mil liures, payables en trois années & vnze payements, le premier desquels escherra au premier Octobre prochain, pour le remboursement de laquelle sa Majesté leur a accordé par Arrest du 6. du present mois la leuée & imposition pendant lesdites trois ans, des droicts sur les denrées & marchandises qui se consommeront dans ladite Ville, Fauxbourgs & Banlieuë d'icelle, contenuë en la Tariffe arrestée au Conseil ledit iour, Au moyen dequoy lesdits Bourgeois & habitans acquitteront lesdits Trente mil liures de rente, pour en joüir en commun & en estre les arrerages & joüissance receus par les gouuerneurs & administrateurs de ladite Ville, & employez en despences communes & necessaires pour la Ville: Et d'autant que le payement du principal desdits Trente mil liures de rente, ne se fait par lesdits habitans que pendant lesdits trois ans & à plusieurs termes, il est necessaire de regler la joüissance & les arrerages desdites rentes qu'ils auront à perçeuoir pendant lesdits trois ans, à quoy voulant pouruoir : SA MAIESTE' EN SON CONSEIL, A ORDONNE' ET ORDONNE, Que le fonds desdits Trente mil liures de rente sera faict & laissé à l'aduenir chacune année, à commencer du premier iour de Ianuier dernier, sur les deniers des Tailles de l'Eslection de Roüen, & employé és Estatz qui en seront arrestez & expediez auec les autres charges de ladite Eslection, Pour estre les arrerages desdits Trente mil liures payez par chacune desdites trois années, moitié és mains de Maistre François Petit commis à la Recepte des deniers de ladite constitution ou du porteur de ses quittances & contracts de constitution desdits Trente mil liures de rente, & l'autre moitié és mains desdits Commissaires au gouuernement & administration de l'Hostel commun de ladite Ville, sur leurs simples quittances, & en vertu du present Arrest: Seront à ce faire les Receueurs des Tailles de ladite Eslection, chacun en l'année de leur exercice, contrains de payer les arrerages dudit Fonds, qui leur sera à cet effet laissé, & apres lesdits trois ans, & que ladite somme de Quatre cens vingt mil liures aura esté entierement acquitée, lesdits Commissaires au gouuernement & administration de ladite Ville, iouyront seuls desdits Trente mil liures en vertu des contracts qui leur en seront deliurez, & en receuront entierement le Fonds des mains desdits Receueurs des Tailles. FAICT AV CONSEIL D'ESTAT DV ROY tenu à Roüen le sixiesme iour de Feburier mil six cens quarante.

Signé, GALLAND.

Extraict des Registres du Conseil d'Estat.

LE ROY estant en son Conseil, bien informé que depuis les émotions arriuées en sa Ville de Roüen, plusieurs des habitans d'icelle qui estoient autheurs & complices de la rebellion, se sont absentez pour éuiter la peine & le chastiement que meritoit vn crime si detestable, Et d'autant qu'il n'est pas juste qu'vn tel crime demeure impuny, au contraire qu'il doit estre chastié seuerement, afin qu'à l'aduenir l'exemple de la seuerité retienne ceux qui auroient volonté de s'esloigner de leur deuoir. SA MAIESTE' estant en son Conseil. A ordonné & ordonne qu'incessamment apres la publication du present Arrest, les Capitaines, Lieutenans & Centeniers de ladite Ville de Roüen, feront exacte perquisition & recherche chacun en leur quartier de ceux qui se sont absentez depuis ledit temps, dont ils feront leurs procez verbaux, qu'ils remettront dans quatre iours entre les mains de Monsieur le Chancelier, Enjoinct sadite Majesté à tous les Bourgeois de ladite ville de quelque qualité & condition qu'ils soient, d'apporter dans quatre jours ausdits Capitaines, Lieutenans, Enseignes & Centeniers, les noms de ceux qui estoient demeurans chez eux, & qui se sont retirez depuis ledit temps, autrement & à faute de ce faire dans ledit temps & iceluy passé, il sera procedé contre eux comme complices des crimes de ceux qui se sont retirez de leurs Maisons, & absentez de ladicte ville. FAICT au Conseil d'Estat du Roy sa Majesté y estant, tenu à sainct Germain en Laye, le cinquiéme iour de Ianuier mil six cens quarante.

Signé, PHELYPEAVX.

LEcture & publication du contenu cy dessus, a esté faite par moy Sergent Royal sous signé, ce iourd'huy sixiéme de Ianuier mil six cens quarante, à son de Trompe & cry public, par les Carfours de ceste ville, à ce qu'aucune personne n'en pretende cause d'ignorance, Presence de Guillaume Grenet commis du Trompette Royal.

Signé, LAIGLE.

Extraict des Registres du Conseil d'Estat.

LE ROY voulant pouruoir au repos & tranquilité de sa Ville de Roüen, & y faire viure les habitans d'icelle ses sujects en vne bonne vnion & intelligence, deuëment aduerty que les mots de Monnopolliers, Gabelleurs & Maltottiers qui se proferent par aucuns mauuais esprits & perturbateurs du repos public, excitent le peuple à sedition & émotion. SA MAIESTE' EN SON CONSEIL: A faict tres-expresses deffences à peine de la vie, à tous les habitans de ladite Ville de Roüen, & autres de quelque qualité & condition qu'ils soient, d'vser & proferer à l'aduenir lesdits mots de Monnopolliers, Gabelleurs, Maltottiers, & autres excitant à sedition & émotion. Ordonne & enjoinct tres expressément à tous ses Iuges, Magistrats & Officiers de ladite Ville, d'informer exactement contre les contreuenans, & iceux faire apprehender & punir seuerement, à peine d'en respondre en leurs propres & priuez noms, & le present Arrest sera leu

& affiché en ladite Ville & Fauxbourgs d'icelle. Faict au Conseil d'Estat du Roy, tenu à Roüen, le septiéme de Ianuier, mil six cens quarante.

Signé, GALLAND.

LEcture & publication du contenu cy dessus, a esté faicte par moy Sergent Royal sous signé, ce iourd'huy septiéme iour de Ianuier mil six cens quarante, à son de Trompe & cry public, par les Carfours de cette Ville & Fauxbourgs d'icelle, à ce qu'aucune personne n'en pretende cause d'ignorance. Presence de Guillaume Grenet commis du Trompette Royal.

Signé, L'AIGLE.

LOVIS PAR LA GRACE DE DIEV ROY DE FRANCE ET DE NAVARRE, A tous ceux qui ces presentes Lettres verront, Salut. Les émotions qui sont arriuées en nostre Prouince de Normandie, nous ayans obligé d'enuoyer le Sieur Gassion Mareschal de Camp en nos Armées, auec des trouppes d'Infanterie & de Caualerie, pour restablir par nos Armes nostre Auctorité, & contenir par la force en nostre obeïssance ceux de nos subjects, qui ne pouuoient y estre retenus par les vrays respects & obligations enuers leur Prince, sa conduite a esté si prudente & si genereuse, qu'en peu de temps il a dissipé toute la faction qui s'estoit formée, obligé ceux qui auoient pris les armes contre nostre seruice de se retirer hors nostre Royaume, pour éuiter la punition & le chastiment qu'vn si énorme crime pouuoit meriter; & enfin apres auoir fait chastier ceux qui auoient esté si temeraires d'attendre nos armes, il a dissipé toutes les assemblées de nos subjects, qui poussez de passion & de fureur ou de mauuais conseil, s'estoient soubstraits de nostre obeïssance, Et d'autant qu'il est de la bonté & prudence d'vn bon Prince, non seulement de faire punir les crimes de ses mauuais subjects, mais de pouruoir à l'aduenir par de bons reglemens qu'ils ne tombent en pareille faute & ne se tirent de l'obeïssance. A CES CAVSES, iugeans que toutes ces rebellions ne seroient pas venuës au poinct où on les a veuës dans ladite Prouince, sans la conniuence ou foiblesse de ceux qui ont l'auctorité & le pouuoir de les empescher, qui ne s'y sont pas opposez auec la vigueur & le courage que requeroit nostre seruice, & qu'ils estoient obligez de faire ayans nostre auctorité, Nous auons estimé qu'il n'y auoit point de moyen plus asseuré pour retenir nos subjets dans la legitime obeïssance qu'ils nous doiuent, & les destourner de se porter à l'aduenir dans la rebellion, que de rendre les Magistrats, Officiers, & ceux qui ont charge dans les Villes, responsables des émotions qui y suruiendront, s'ils ne iustifient auoir apporté le soin & la vigilance qu'ils doiuent en leurs charges pour les reprimer. Et pour la campagne, d'obliger les Gentils-hommes chacun en l'estenduë de leurs terres de contenir nos subjects dans l'obeïssance, & les empescher de faire aucunes assemblées contre nostre seruice, ce qui leur est aysé, veu le pouuoir qu'ils prennent ordinairement sur leurs tenanciers, ausquels ils font bien executer leurs volontez lors qu'il s'agist de leur interest particulier. SÇAVOIR faisons, qu'apres auoir mis cette affaire en deliberation en nostre Conseil, où estoient nostre tres-cher & tres-amé Frere vnique le Duc d'Orleans, autres Princes, & les principaux Officiers de nostre Couronne. DE l'aduis de nostredit Conseil, & de nostre certaine science, plaine puissance & auctorité royale, Nous auons dit & declaré, disons & declarons, voulons & nous plaist, Que cy apres les Gentils-hommes de nostre Prouince de Normandie ayent à empescher qu'aucunes assemblées ne se fassent en l'estenduë de leurs terres, à peine en cas qu'il arriue quelque sousleuement contre nostre seruice en l'estenduë de leursdites terres, d'en respondre en leurs propres & priuez noms comme complices, s'ils ne iustifient y auoir fait tout leur deuoir, & y auoir apporté tout le soin, la vigilance & la force qu'ils sont obligez pour l'execution de nos commandemens : Et quant aux Magistrats, Officiers, & autres qui ont charge dans les Villes, Nous leur enjoignons de ne permettre qu'à l'aduenir le commun peuple ayt aucunes armes, voulons qu'ils ayent à le desarmer, & mettre les armes dans vn lieu seur pour s'en seruir lors qu'ils le iugeront necessaire pour le bien de nostre seruice : Leur commandons de s'opposer auec le courage & la force qu'ils doiuent & sont obligez ayans nostre auctorité pour reprimer les émotions si aucunes suruiennent dans les Villes où ils sont residens, autrement & à faute d'executer cettuy nostre commandement, voulons qu'ils soient responsables des rebellions qui arriueront, en leurs propres & priuez noms, & qu'il soit procedé contre eux comme complices, en cas qu'ils ne iustifient auoir fait leur deuoir pour retenir nos subjects dans nostre obeïssance. SI DONNONS-en Mandement à nos amez & feaux les Conseillers d'Estat & Maistres des Requestes ordinaires de nostre Hostel tenans nostre Cour de Parlement à Roüen, de faire enregistrer & publier nos presentes Lettres de Declaration, & le contenu en icelles faire garder & obseruer ponctuellement, & à la diligence de nostre amé & feal Conseiller le sieur Bosquet, par nous commis pour faire la charge de nostre Procureur general audit Parlement ; les enuoyer en tous les Bailliages & autres Iurisdictions de nostredite Prouince de Normandie, & icelles faire publier en toutes nos Villes dudit Pays à son de Trompe & cry public, à la diligence de nos Procureurs dans lesdits Sieges, mesmes aux Prosnes des parroisses par les Curez, afin que personne n'en pretende cause d'ignorance, Enjoignons à nosdits Procureurs qu'vn mois apres que nostredite Declaration leur aura esté enuoyée, ils certifient nostre cher & feal Chancelier de la diligence qu'ils auront faite pour ladite publication, à peine d'en respondre en leurs propres & priuez noms : Voulons qu'aux copies de cettedite presente, collationnées par l'vn de nos amez & feaux Conseillers & Secretaires, ou par deux Notaires Royaux, foy soit adjoustée comme à l'original, CAR tel est nostre plaisir : En tesmoin dequoy nous y auons fait mettre nostre seel. DONNÉ à Sainct Germain en Laye le huictiéme iour du mois de Ianuier, l'an de grace mil six cens quarante. Et de nostre regne le trentiéme. Signé, LOVIS. Et sur le reply, PAR LE ROY. PHELYPEAVX. Et scellé sur double queuë d'vn grand scel en cire jaulne.

Leuës, publiées & registrées, Oy & ce requerant du Bosquet pour le Procureur General du Roy, pour estre gardées & obseruées selon leur forme & teneur, Et que les coppies deuëment collationnées seront enuoyées par les Bailliages & Vicomtez de ce Ressort, pour y pareillement leuës, publiées & registrées, gardées & obseruées : Et enjoint aux Officiers d'y tenir la main, & aux Substituts dudit Procureur General de faire proceder aux publications portées par icelles, & de certifier Monsieur le Chancelier & les Commissaires deputez par sa Majesté, de la diligence qu'ils en auront faicte au mois, suiuant l'Arrest de ce iour. A Roüen en Parlement le dixiéme Ianuier mil six cens quarante. Signé, VAIGNON.

Extraict des Registres du Conseil d'Estat.

VEV par le Roy en son Conseil, les informations faites pour raison des seditions arriuées en la Ville de Roüen, les quatre, vingt & vn, vingt deux, & vingt troisiéme d'Aoust dernier : Les decrets de prise de corps decernez par les Conseillers Commissaires deputez par la Cour de Parlement de Roüen, dés vingt sixiéme Septembre & sixiéme Octobre dernier. Autres decrets de prise de corps decernez par les Commissaires deputez par sa Majesté par Arrest du sixiéme Nouembre dernier, dés deux, trois, & dixiéme du present mois de Ianuier. Procez verbaux de perquisitions dés trois, sept & neufiéme Ianuier audit an, Oy le Rapport des Commissaires à ce deputez, & tout consideré. LE ROY EN SON CONSEIL, A ordonné & ordonne, que les nommez Caillot cy deuant Capitaine d'vne compagnie de Bourgeois en la Ville de Roüen, Iean seruiteur d'vn nommé le Coq maistre Cartier demeurant ruë des Cordeliers, Le seruiteur de Patry aussi maistre Cartier, Nicolas seruiteur de Maistre Arondel Aduocat, André seruiteur du sieur de la Bucaille, Toussaints Couuent faiseur de boucles à baudriers, Michel Deshays passementier, Nicolas Larminier sellier, Louys Mallet roüettier, Charles de la Mare, Berthelemy Riuiere tondeur, vn grand homme fossoyeur de sainct Maclou, Charles Bazon tauernier & marchand de sildres, Iean Noel courtier & interprete des Flamens, Marie Masse femme d'vn nommé Fouquet, Iulian Philippes, Le petit Iacques chargeur, Guillaume le Blond, Pierre porteur de foin, Guillaume Guyot dit patta, autrement le prebstre manouurier de Sotteuille, Louys Berenger sauatier demeurant au Fauxbourg S. Seuer, Gallet crieur de vieils drapeaux, Iean & Ysac de Longuemare freres marchands de cheuaux, Robert du Bosc fils de Robert du Bosc l'aisné plastrier, Bertran le Carpentier plastrier, Simon Caillou manouurier, Louys Boquet Iardinier, Iean de la Motte masson & tauernier, Nicolas Beaurepaire dit blanchet, Noel Benard compagnon jardinier, Iaques Brebion jardinier, Marin Dubosc laboureur, sa femme & son valet, Le Pauaix, sa femme & son fils, Clement François cornetier, Marin Regnault, Louys Malherbe fils tonnelier, Michel Langloys castelongnier dit le compere de Monsieur de Villars, Pierre Godes charbonnier, Estienne Dubosc sauatier, Iaques le Rat, Vastine fils d'vn vendeur de biere, Caron fils d'vn charon, Iean Regnault & Romain Ouuail battelier demeurans hors le Pont, Charles de Moüy sieur de Richebourg son valet de chambre nommé petit Iean, son laquais, François Forment fils d'vn patenostrier en boys, Les surnommez Couuert, tisseren & Gaillard Ioüeur de Violon, Seront adjournez à son de Trompe & cry public par trois iours consecutifs aux Carfours & lieux publics accoustumez de la Ville de Roüen, A comparoir trois jours apres pour toutes prefixions & delais, à la barre de la Salle du Palais par deuant les Commissaires deputez par sa Majesté pour tenir la Cour de Parlement de Roüen pour ester à droit, Et à faute de comparoir dans ledit temps, les tesmoins oys esdites informations, seront recolez en leurs depositions, pour le recolement valoir de confrontation à l'esgard des defaillans, & le procez ainsi fait, Iugé ainsi qu'il appartiendra par raison. FAICT au Conseil d'Estat du Roy, tenu à Roüen, le quatorziéme iour de Ianuier, mil six cens quarante.

Signé, GALLAND.

RICHARD Thorel Huissier du Roy audiencier, Priseur, Vendeur de biens meubles au Bailliage & Siege Presidial de Roüen, Certifie que ce iour de Ianuier mil six cens quarante, En vertu de l'Arrest cy dessus, ie me suis exprés transporté par les Carfours & places publiques de cestedite ville, où estant, & à chacun d'iceux i'ay fait lecture à son de Trompe & cry public du contenu en iceluy, Et les dénommez audit Arrest, adjournez à comparoir trois iours apres la publication des presentes, qui sera faite par trois iours consecutifs, qui sera Lundy prochain pour toute prefixion & delay à la barre de la Salle du Palais, par deuãt Messieurs les Commissaires deputez par sa Maiesté pour tenir la Cour de Parlement de Roüen, pour ester en droict, Et à faute de comparoir dans ledit temps, les tesmoins ouys esdites informations, seront recolez en leurs dépositions, pour le recolement valoir de confrontation à l'égard des defaillans, & le procez ainsi fait, Iugé ainsi qu'il appartiendra par raison. Presence de plusieurs personnes en grand nombre, & de Guillaume Grenet Commis du Trompette ordinaire.

Signé, THOREL, & GRENET.

DECLARATION DV ROY, auec le Roolle de ceux qui ſe ſont abſentez depuis les dernieres Emotions.

LOVIS PAR LA GRACE DE DIEV ROY DE FRANCE ET DE NAVARRE, A tous ceux qui ces preſentes Lettres verront, Salut. Sur les aduis que nous aurions eu que depuis les émotions arriuées en noſtre ville de Roüen, pluſieurs des habitans qui auoient trempé dans la ſedition, & en eſtoient meſme les principaux aucteurs, s'eſtoient abſentez pour éuiter la punition de leur crime, nous aurions par Arreſt par nous donné en noſtre Conſeil d'Eſtat, Ordonné aux Capitaines, Lieutenans, Enſeignes & Centeniers de ladite Ville, de faire perquiſition exacte chacun en leur quartier, de ceux qui s'eſtoient retirez depuis la ſedition, & d'en faire leurs procés verbaux, qu'ils remettroient entre les mains de noſtre tres-cher & feal Chancelier, pour ce faict y eſtre pourueu ainſi que nous jugerions le mieux pour le bien de noſtre ſeruice, à quoy leſdits officiers ayans obey, & donné les rooles de ceux qu'ils ont eſtimé eſtre ſortis de ladite Ville ſe ſentans coupables de la ſedition, Et comme il eſt important que leur crime ne demeure pas impuny par leur fuite, & que la diſſimulation auſſi ne les rende plus hardis à entreprendre pareilles actions, Nous auons jugé qu'il eſtoit neceſſaire de les empeſcher de r'entrer en noſtredite Ville de Roüen, ny meſmes en noſtre Prouince de Normandie, de crainte que reuenans auec le meſme eſprit de ſedition, ils ne troublent le repos que nous y auõs estably pour le bien de nos subjects. A CES CAVSES, apres auoir mis cette affaire en deliberation en nostre Conseil, De l'aduis d'iceluy, & de nostre certaine science, plaine puissance & auctorité royale, AVONS dict & declaré, disons & declarons, voulons & nous plaist, Que tous ceux qui se sont absentez de nostre ville de Roüen depuis lesdites émotions, & qui sont compris au roole cy attaché soubs le contrescel de nostre Chancelerie, ne puissent à perpetuité r'entrer en nostredite Ville de Roüen, ny en nostre Prouince de Normandie, ce que nous leur defendons tres expressément à peine de la vie, & voulons qu'en cas qu'ils soient trouuez en ladite Prouince, ou en ladite Ville apres la publication des presentes, qu'ils soiẽt punis par nos Officiers, cõme rebelles & desobeïssans à nos cõmandemens, defendõs pareillement à tous nos subjets de ladite Prouince, & particulieremẽt de nostredite Ville, de les receuoir en leurs Maisons, à peine d'estre declarez cõplices de leurs crimes, & punis des mesmes peines. Et afin que l'on ayt cognoissance de ceux qui se sont absentez, Nous ordõnons que copies collationnées dudit roole soient mises aux Greffes de chacun Bailliage & autres Iurisdictions de nostredite Prouince, Mesmes que copie en soit baillée par les Greffiers desdits Bailliages & autres Iurisdictions aux Capitaines & autres officiers de nos Villes, & aux Iurez de chacun des corps de mestiers, afin qu'ils n'en pretendent cause d'ignorance. SI DONNONS en Mandement à nos amez & feaux les Conseillers en nostre Cõseil d'Estat, & Maistres des Requestes ordinaires de nostre Hostel, commis pour tenir nostre Cour de Parlement à Roüen, & à tous les Baillifs de nostredite Prouince, leurs Lieutenans, & tous autres nos Officiers, Iusticiers des Iurisdictions & Iustices d'icelle Prouince, chacun en son ressort, de faire enregistrer nos presentes Lettres de Declaration, icelles faire publier à son de Trompe & cry public, mesmes afficher ou besoin sera, le tout à la diligence de nostre Procureur General en nostredite Cour, & de nos Procureurs esdits Bailliages & autres Iustices & Iurisdictions, & le contenu en icelles faire garder, obseruer & entretenir selon leur forme & teneur, sans souffrir qu'il y soit contreuenu, CAR TEL est nostre plaisir, En tesmoing dequoy nous auons faict mettre nostre scel à cesdites presentes. DONNE' à Saint Germain en Laye le vingt-deuxiesme iour de Ianuier l'an de grace mil six cens quarante, Et de nostre Regne le trentiesme. Signé, LOVIS. Et sur le reply, PAR LE ROY. PHELYPEAVX. Et scellé sur double queuë du grand sceau auec vn contrescel de cire jaune Et à costé sur ledit reply.

Leuës, publiées & registrées és registres du Greffe de la Cour, oy & ce requerãt Bosquet pour le Procureur General du Roy, pour estre gardées, obseruées & entretenuës selon leur forme & teneur, Et ordõné que copies collatiõnées tant des presentes que du roole y attaché, seront enuoyees par les Bailliages & Vicomtez de ce ressort, pour y estre pareillement leuës, publiées & registrées, gardées, obseruées & entretenuës, Enjoinct aux Substituts dudit Procureur General en faire faire les publications & tenir la main à l'execution, & certifier les Commissaires deputez par sa Maiesté pour tenir son Parlement à Roüen, de la diligence qu'il en auront faite au mois, à peine de suspension de leurs charges. Fait en Parlement le vingt-quatriesme Ianuier mil six cens quarante. Signé, VAIGNON.

Roolle des personnes qui se sont absentées de la Ville de Roüen, dont ont esté faicts procés verbaux par les Capitaines des Quartiers de ladite Ville, qui ont esté mis és mains de Monseigneur le Chancelier, suiuant l'Arrest du Conseil du iour de

PREMIEREMENT.

Quartier de la grande ruë des Augustins.

Nicolas Gaillard.
Robert du Buisson.
François Guerrard.

Quartier de Beauuoisine, Saint Patrice.

Iacques Brebion.

Saint Pierre l'Honoré.

Ionas Busquet.
François le François.
Pierre Delacour.
Berthelemy le Blanc.

Saincte Croix des Pelletiers.

Iean Simon.
Louys le Halleur.
Pierre du Fay.

Quartier de Cauchoise. Saint Michel

Henry Narbon.

Saint Sauueur.

Louys Bidault.
Mathurin Messier.
Gilles le Maistre.

Saint Pierre le Portier.

Pierre Deshayes.

Saint Vigor.

Iean Dault.
Nicolas Costru.
Robert le Tellier.
Charles Hennequiau.
Claude le Forestier.
Iean le Halleur.
Thomas Thiroüin.
Iacques Poret.

Saincte Marie la Petite.

Iean Pigache.
Michel le Doux.

Quartier de Martainuille.

Pierre Claſtor.
Anthoine de la Houſſaye.
Iacques du Boys.
Iean Romain.
Iean Lamy.
Robert Happedé.
Guillaume du Boſc.
Nicolas Buquet.
Pierre de la Morgue.
Iean le Cartier.
Eſtienne Bayeul.
Iacques Riuiere.
Iean Viuard.
Nicolas Regnaud.
Iulian le Vigneron.
Nicolas Alais.
François Cuat.
Adrian Deſmois.
Anthoine le Caſſier.
Pierre Geuffray.
Guillaume Hedoüin.
Robert le Roy.
Huberd Adméé.
Richard Gueroult.
Michel Lairé.
François le Cordier.
Macé Robillet.
Louys le Cordier.
René Olliuier.
Romain Langlois.
Gilles le Halleur.
Enoc Marié.
Pierre Gueroult.
Iean Guerard.
Pierre Pernelle.
François Touſtain.
Iean Martin.

Quartier de Cauchoiſe, S. Iean.

Guillaume de Brins.
Dauid Cauf.
Samuel Dufay.
Nicolas du Val.
Robert Loure.
Guillaume Le Peuple.
Iean Denis.
Pierre Varin.
Paſquier Auber.
Iean de la Los.
Iean le Maſurier.
Robert Hebert.
Charles le Blond.
Roger Desgeneſtes.
Iean Paumier.
François Clicquet.
Iean le Tingault.
Iacques le Seigneur.
Michel Perſon.

Pierre Gillos.

Quartier de Martainuille.

Nicolas le Mercier.
Marin Courant.
Iean Anfrie.
Iean Gaillard.
Daniel Bureau.
Cesar de Queuilly.
Iacques Ferrand.
Nicolas Doucet.
Guillaume le Vilain.
Martin Terrien.
Charles Riquier.
Paul Huaut.
Iean Huré.
François Mouchard.
Iean Petit.
François Pennier.

Quartier de Saint Hylaire.

Pancrace le Pesant.
Iean le Beuf.
Pierre Samson.
Claude Lafeüillée.
Gilles Douchin.
Louys Patenostre.
Charles Guillebert.
Michel Langlois.
Richard Criquet.
Iean Billard.
Guillaume Ancel.
Hector le Vilain.
Pierre le Maire.
François le Bouuier.
Gaspar le Cat.
Iacques Salomon.
Nicolas le Gros.
Claude le Gros.
Martin de la Ruë.
Louys de la Ruë & son fils.
Iacques Auuray.
Iacques le Bis.
Nicolas Lengeigneur.
Vincent le Mercier.
Guillaume le Brun.
Gallet Pere.
Iacques Euldes.
Iean de la Haye.
Michel Goutier.
Martin Cordonnier.
Iean le Gros.
Pierre le Boucher.
Iacques Anquetil, dit Baltazar
Iacob Deshayes.
Pierre Boucher.
Abraham Lerable.
Gallien le Pelletier.
Guillaume [illegible]atteuille.
Guillaume Esuin.

Le nommé Picard.
Iean le Creux.
Dauid le Marchant.
Claude Vesche.

Parroisse Saint Maclou.

Iean Canu.
Estienne Toustain.
Nicolas Greue.
Iacques Picard.

Ruë de la grosse Bouteille.

Geoffray Panier.
Iean le Cartier.
Pierre Daubin.
Estienne Bayeux.

Parroisse S. André le Vieil.

Pierre Ferron.
Daniel Bureau.

Derriere le Cimetiere Saint Maclou.

Robert Reuel.
Estienne Heude.
Robert Verdier.
Renoul Hurtaud.
Abraham Baudry.
Michel Porcher.
Iean Plet.

Ruë du Figuier.

Paul Huault.
Iean Harnois.
Iean Heudes.
Nicolas Doulche.
Guillaume le Vilain.
Martin Terrier.
Olliuier Patin.
Robert Reuel.
Nicolas Oüin.

Parroisse Saint Godard.

Pierre Durant.

Saincte Croix Saint Ouën.

Iacques Geraud.
Iean Dauremesnil.
Romain de la Haye.
Daniel le Ber.
Iacques du May.
Louys Fossé.
Nicolas du Busc.
Martin Iullien.
Estienne Loysel.
Iacques Chouquet.
François le Normant.
Vn nommé Thomas.
Pierre fils d'vn porteur ou Mesureur de Sel.
Louys le Maistre.
Thomas le Tondu.
Leonard le Cocher.

Parroisse Saint Laurens.

Claude du Ponteaudemer.

Parroisse Saint Martin.

Pierre Hebert.
Guillaume Badu.
Iean Poüy.
Martin Godin.
Pierre Vatier.
Nicolas Maupas.
Philippes Aunay.
Fiacre Courtilley.
Nicolas le Marchand.
Iean Dener.

EXTRAICT & collationné sur lesdits procés verbaux du commandement de Monseigneur le Chancelier, Par moy Conseiller Secretaire du Roy Maison Couronne de France & de ses Finances soubs-signé; lesquels sont demeurez és mains de Mondit Seigneur. Signé, SAVLGER.

Collationné aux Originaux par moy Conseiller Secretaire du Roy.

LOVIS par la grace de Dieu, Roy de France & de Nauarre: Au premier des Huissiers de nostre Cour de Parlement, autre Huissier ou Sergent sur ce requis. VEV par les Commissaires par nous deputez pour tenir nostre Cour de Parlement de Normandie, les informations faites pour raison des seditions arriuées en nostre Ville de Roüen les 4. 21. 22. & 23. Aoust dernier, les decrets de prise de corps decernez par les Conseillers Commissaires deputez par nostre Cour de Parlement de Roüen, des 26. Septembre & sixiéme Octobre dernier, Autres decrets de prise corps decernez par les Commissaires par nous deputez par Arrest du 16. Nouembre dernier, des 2. 3. & sixiéme du present mois, Contre Barthelemy Riuiere, Iean seruiteur du nommé le Coq maistre Cartier, le seruiteur de Patry maistre Cartier, Pierre porteur de foing, Nicolas Beaurepaire dit Blanchet, Michel Deshayes passementier, Nicolas Lerminier sellier, Charles Delamare, Louys Malherbe fils tonnelier, Iean Noel courtier & interprete des Flamens, Iulian Philippes, le petit Iacques chargeur, Guillaume le Blond, Pierre Herse fossoyeur de Saint Maclou, Iean Regnault & Romain Oüail batteliers demeurans hors le Pont, Michel Langlois castelonnier demeurant à la Maresquerie, la Vastine fils de Nicolas la Vastine vendeur de biere demeurant ruë des Mattelas, Estienne Dubosc sauatier demeurant ruë Saint Hylaire, François Toustain, peigneur de laynes, Philippes Forment fils de Nicolas Forment patenostrier de la parroisse Saint Viuian, Pierre Godes charbonnier demeurant ruë du Figuier, Iacques le Rat carleur demeurant à la noble Ruë parroisse Saint Viuian, Guillaume Guyot dit patta, autrement le prebstre manouurier de Sotteuille, Bertrand le Carpentier plastrier demeurant audit lieu, Iean de la Mothe tauernier & masson demeurant audit lieu, Gallet pere crieur de vieux drapeaux, Clement François cornetier, Marie Macé femme de Pierre Fouques, vne grande femme nommée gueule de sabot, Pierre Iean dit cuuert, autrement le Dieppois tisserent en sarge, Charles Bazon tauernier, Robert Dubosc fils de Robert Dubosc l'aisné plastrier demeurant à Sotteuille, Iean & Ysac de Longuemare freres, marchands de cheuaux demeurans audit lieu, le valet de Marin Dubosc, Guillaume Foüage paueur demeurant au fauxbourg de Boucreul, Caron fils d'vn charon demeurant deuant le Cimetiere de ceux de la Religion pretenduë reformée, & Louys Beranger sauatier demeurãt au fauxbourg S. Seuer, Procés verbaux des perquisitions des personnes desdits accusez, Arrest de nostre Conseil du 14. du present mois, par lequel auroit esté ordõné que lesdits accusez seroiẽt adjournez à son de Trompe & cry public, par trois iours consecutifs aux carfours & lieux publics accoustumez de nostre ville de Roüen, à cõparoir trois iours apres pour tous delais à la Salle du Palais pour ester à droit, & à faute de comparoir dans ledit temps, que les Tesmoins oys esdites informations, seroient recolez en leurs depositions, pour le recolement valoir confrontation à l'esgard des defaillans, & le procés fait, Iugé ainsi qu'il appartiendra par raison : Procés verbaux de publications à baon faites en execution dudit Arrest des 17. 18. & 19. du present mois, Defauts à baon obtenus contre lesdits accusez par nostre Procureur General le 24. dudit mois, Recolemens faits des Tesmoins oys esdites informations, pour valoir confrontation contre lesdits accusez, Conclusions de nostre Procureur General, & tout consideré, LESDITS COMMISSAIRES ont declaré & declarent lesdits defauts & cõtumaces bien & deuëmẽt obtenus, pour le profit d'iceux, & pour les cas resultans du procés ; Ont condamné & condamnent lesdits Barthelemy Riuiere, Nicolas Beaurepaire dit Blanchet, les nommez Pierre porteur de foing, Iean seruiteur du nõmé le Coq maistre Cartier, & le seruiteur de Patry aussi maistre Cartier, Estre rompus vifs sur vn eschaffault qui pour ce sera dressé en la place du vieil-Marché, & leurs corps mis sur vne roüe pour y finir leurs iours : Et lesdits Michel Deshayes, Nicolas Lerminier, Charles Delamare, Louys Malherbe, Iean Noel, Iulian Philippes, le petit Iacques, Guillaume le Blond, Pierre Herse, Iean Regnault, Romain Oüail, Michel Langlois, Estienne Dubosc, François Toustain, Philippes Forment, Pierre Godes, Iacques le Rat, Guillaume Guyot, Bertrand le Carpentier, Iean de la Mothe, & le nommé la Vastine, Estre pendus & estranglez en vne potence qui pour ce sera dressée en ladite place du vieil-Marché si pris & apprehendez peuuent estre, ſinon par Effigie en vn Tableau attaché à ladite potence, & declaré leurs biens à nous acquis & confiſquez, Et ont leſdits Commiſſaires banny & banniſſent à perpetuité de noſtre Prouince de Normandie leſdits Clement François, Gallet pere, Pierre Iean dit cuuert, Charles Bazon, Robert Dubofc, Louys Boſquet, Simon Caillou, Iean & Yſac de Longuemare, Guillaume Foüage, le valet de Marin Duboſc, Louys Beranger, le nommé Caron, Marie Macé, & la nõmée gueule de ſabot, à eux enjoinct de garder leur baon à peine de la vie; POVR CE EST-IL, que nous te mandons le preſent Arreſt cy deſſus contenu mettre à deüe & entiere execution ſelon ſa forme & teneur, faiſant tous exploicts & aſſignations à ce requis & neceſſaires, DE CE FAIRE te donnons plaine puiſſance & auctorité, Mandons & commandons à tous nos Iuſticiers, Officiers & ſubjects à toy en ce faiſant obeyr. DONNE' à Roüen deuant leſdits Sieurs Commiſſaires par nous deputez pour tenir noſtredit Parlement de Normandie, le vingt-huictieſme iour de Ianuier, l'an de grace mil ſix cens quarante, & de noſtre regne le trentieſme. Et plus bas, PAR LESDITS SIEVRS COMMISSAIRES. Signé, LE TELLIER. Et ſeellé ſur ſimple queuë en cire jaune, auec vn contreſeel en marge.

Le quatriéme iour de Feburier mil ſix cens quarante, par Maiſtre Louys de Bourey principal Commis au Greffe Criminel de la Cour de Parlement de Roüen, à eſté fait lecture du preſent Arreſt dans la Cour du Palais & place du vieil-Marché de cette ville, & le contenu en iceluy executé par l'Executeur des ſentences Criminelles en ladite place du vieil-Marché, en la preſence dudit de Bourey, du ſieur Preuoſt de Liſle & ſes Archers.

Signé, *DE BOVREY.*

EXTRAICT DES REGISTRES du Conseil d'Estat.

VEV par le Roy en son Conseil, l'Arrest donné par les Commissaires deputez par sa Majesté pour tenir sa Cour de Parlement de Normandie, le vingt-huictiesme Ianuier dernier par defaut & contumace, Contre Charles de Moüy escuyer sieur de Richebourg, son Valet de chambre nommé petit Iean, & son Laquais, André Allain, & Nicolas Quittebœuf, Toussaincts Couuent faiseur de boucles à baudrier, & Louys Mallet boucher, par lequel ils ont esté bannis à perpetuité de la Prouince de Normandie; & à eux enjoinct de garder leur ban à peine de la vie, ledit de Moüy condamné en six mil liures d'amende, & outre rendre la somme de quarante trois mil liures, Et ledit petit Iean son valet de chambre & son Laquais, Allain Quittebœuf, Couuent & Mallet rendre chacun d'eux la somme de quatre cens cinquante liures, Lesquelles sommes seront par eux payées & mises és mains du Greffier dudit Conseil, à quoy faire ils seront contraincts par toutes voyes deües & raisonnables, mesmes par emprisonnement de leurs personnes, Et ordonné que la somme de deux mil sept cens quarante-huict liures, ensemble ce qui sera payé par ledit petit Iean, le Laquais, Quittebœuf, Allain, Couuent & Mallet, sera déduit audit de Moüy sur ladite somme de quarante-trois mil liures. Autre Arrest donné par lesdits Commissaires ledit iour, aussi par defaut & contumace, Par lequel Barthelemy Riuiere, Nicolas Beaurepaire dit Blanchet, les nommez Pierre porteur de foing, Iean seruiteur du nommé le Coq maistre Cartier, & le seruiteur de Patry aussi maistre Cartier, sont condamnez à estre rompus vifs, Michel Deshayes passementier, Nicolas Lerminier sellier, Charles Delamare, Louys Malherbe fils tõnelier, Iean Noel courtier & interprete des Flamens, Iulian Philippes, le petit Iacques chargeur, Guillaume le Blond, Pierre Hercé fossoyeur de Saint Maclou, Iean Regnault & Romain Oüail, batteliers demeurans hors le Pont, Michel Langlois castelonnier demeurant à la Maresquerie, Estienne Dubosc sauetier demeurant ruë Saint Hylaire, François Toustain, paigneur de laine, Philippes Forment fils de Nicolas Forment, patenostrier, de la parroisse Saint Viuian, Pierre Godes charbõnier demeurant ruë du Figuier, Iacques le Rat carleur demeurãt à la noble ruë parroisse Saint Viuian, Guillaume Guyot dit pata autremẽt le prebstre, de Sotteuille, Bertrand le Carpentier, plastrier demeurant audit lieu, Iean de la Motte tauernier & maçon dudit lieu de Sotteuille, & le nommé la Vastine, fils de Nicolas la Vastine, vendeur de biere, demeurãt ruë des Mattelas, Sont condamnez à estre pendus si pris & apprehendez peuuent estre, sinon par Effigie, & leurs biens declarez acquis & confisquez au Roy. Et outre les nõmez Clement François Cornetier, Gallet Pere, Pierre Iean dict Cuuert, autrement le Diepois tisserend en Serges, Charles Razon tauernier, Robert Dubosc, fils de Robert Dubosc l'aisné plastrier, Louys Bosquet jardinier, Simon Caillou, manouurier de Sotteuille, Iean & Ysac de Longuemare, freres, marchands de cheuaux demeurans audit lieu, Guillaume Foüage, paueur demeurant au fauxbourg de Bouuereul, Le valet de Marin Dubosc, Louys Beranger, sauetier demeurant au fauxbourg Saint Seuer, le nommé Caron, fils d'vn charon, Marie Macé, femme de Pierre Fouques, & la nommée gueulle de ſabot, Sont bannis à perpetuité de ladite Prouince de Normandie ; & à eux enjoinct de garder leur ban à peine de la vie LE ROY EN SON CONSEIL, A ORDONNE ET ORDONNE que leſdits Arreſts ſeront executez ſelon leur forme & teneur, Enjoinct au Bailly de Roüen, ſes Lieutenãs, Preuoſts des Mareſchaux, Viſbaillifs, & tous autres Officiers de la Prouince de Normandie, de tenir la main à l'execution d'iceux : & de faire conduire és Priſons du fort Leueſque de la Ville de Paris ceux deſdits condamnez qui ſeront par eux arreſtez. A faict & faict, ſa Majeſté, inhibitions & deffences à tous les habitans de la Ville de Roüen & autres ſes ſubjects de ladite Prouince, de leur donner retraicte à peine de la vie ; Et à cette fin à ordonné & ordõne que les Capitaines, Lieutenans & Enſeignes de ladite Ville de Roüen ſeront tenus faire de deux mois en deux mois recherche & perquiſitiõ d'iceux chacun dans leurs quartiers, & en mettre leurs procés verbaux au Greffe du Bailliage de ladite ville à peine d'en reſpõdre en leurs propres & priuez noms, Sauf à ceux deſdits condamnez qui ſe voudront repreſenter dans le temps porté par les ordonnances, de ſe rendre en eſtat dans leſdites Priſons du fort Leueſque, & ſe retirer par deuers ſa Majeſté pour leur eſtre pourueu de Iuges ainſi qu'elle verra eſtre à faire par raiſon : Faict ſadite Majeſté tres-expreſſes inhibitions & deffences à tous Iuges & Officiers d'en prendre aucune cour, Iuriſdiction ny cognoiſſance à peine de nullité & de caſſation de procedures, Et ſera le preſent Arreſt leu & publié à ſon de Trompe & cry public, & affiché par les Carfours & places publiques de la Ville de Roüen, & des autres Villes de ladite Prouince de Normandie. FAICT au Conseil d'Estat du Roy, tenu à Roüen le premier iour de Feburier mil six cens quarante.

Signé, GALLAND.

LOVIS par la grace de Dieu, Roy de France & de Nauarre, Aux Bailly de Roüen ou ses Lieutenans, Preuosts des Mareschaux, Visbaillifs, & tous autres Officiers de la Prouince de Normandie, Salut. Nous vous mandons & enioignons par ces presentes, que l'Arrest cy attaché sous le contreseel de nostre Chancellerie ce iourd'huy dóné en nostre Conseil d'Estat, Vous ayez à faire lire & publier à son de Trompe & cry public, iceluy afficher par les Carfours & places publiques de ladite Ville, & des autres Villes de ladite Prouince: Et outre ayez à tenir la main à ce que ledit Arrest & ceux des Commissaires deputez pour tenir nostre Parlement audit Roüen du 28. Ianuier dernier y énoncez, soient executez selon leur forme & teneur, allencontre des denómez en iceux, & autres qu'il appartiédra, ce faisant, faire códuire aux Prisons du Fortleuesque de nostre Ville de Paris ceux des condánez qu'aurez fait arrester. De ce faire vous donnons pouuoir, Commission & Mandement special. Commandons au premier nostre Huissier ou sergent sur ce requis, faire en vertu desdits Arrests toutes significations, publications, affiches, mesmes les tres-expresses inhibitions & deffences portées par celuy cy attaché sur les peines y cótenuës, & pour leur entiere execution & de vos ordonnances, toutes autres significations, assignations, cómandemens, contrainctes, emprisonnemens, saisies, deffences, actes & exploicts requis & necessaires, sans demander autre congé ne permission, Nonobstant Clameur de Haro, Chartre Normande, prise a partie, lettres & choses à ce contraires, Et sera adiousté foy comme aux originaux aux copies dudit Arrest & des presentes collationnées par l'vn de nos amez & feaux Conseillers & Secretaires, CAR tel est nostre plaisir. DONNÉ a Roüen le premier iour de Feurier, l'an de grace mil six cens quarante. Et de nostre Regne le trentiéme. Signé, GALLAND. Et seellé sur simple queuë du grand sceau de cire jaune.

Extraict des Registres du Conseil d'Estat.

E Roy voulant que tous les Bureaux des droicts de sa Majesté qui ont esté forcez & pillez lors des esmotions arriuées en la ville de Roüen & lesquels ont esté transferez en la Ville du Pont de l'Arche & ailleurs soient restablis en ladite ville és mesmes maisons, lieux & endroits où ils estoient auparauant lesdites esmotions, SA MAIESTÉ EN SON CONSEIL a ordonné & ordonne que tous lesdits Bureaux des droicts & affaires de sa majesté seront restablis en ladite ville de Roüen, és maisons, lieux & endroicts où ils estoient auparauant lesdites esmotions, & à cet effect que lesdites maisons & lieux leur seront rendus libres par ceux qui les occupent à present, lesquels seront contraints par corps d'en desloger, vingt-quatre heures apres la signification du present Arrest, & rendre esdites maisons lieux & endroits place nette, & outre ledit delay passé, seront les meubles de ceux qui occupent lesdites maisons & lieux, mis sur le paué, Faict au Conseil d'Estat du Roy tenu à Roüen le troisiesme iour de Ianuier mil six cens quarante.

Signé GALLAND.

LOVIS PAR LA GRACE DE DIEV ROY DE FRANCE ET DE NAVARRE. A Nos Amez & Feaux Conseillers en nostre Conseil d'Estat

& maiſtres des Requeſtes ordinaires de noſtre Hoſtel, eſtans en noſtre ville de Roüen prés de noſtre tres cher & feal le Sieur Seguier Cheualier, Chancelier de Frãce, Salut, par l'Arreſt de noſtredit Conſeil d'Eſtat ce iourd'huy donné, nous auons ordonné que tous les Bureaux de nos droicts & affaires cy deuant eſtablis en noſtredite ville de Roüen & leſquels ont eſté rõpus, forçez & pillez lors des eſmotions populaires arriuées en icelle ville, ſeroient reſtablis és maiſons, lieux & endroicts où ils eſtoient, & à ceſt effect, que leſdites maiſons & lieux ſeroient rendus libres par ceux qui les occuppent, A ces cauſes, nous vous mandons & à chacun de vous qui ſerez à ce commis & deputez par ledit Sieur Chancelier de France, ordonnons de vous tranſporter eſdites maiſons, lieux & endroits où leſdits Bureaux eſtoient eſtablis, les y reſtablir conformement à noſtredit Arreſt, & ce faiſant remettre dans leſdits Bureaux les Fermiers de noſdits droicts, Receueurs & autres chargez de nos affaires, leurs Procureurs & commis, & les rendre libres poſſeſſeurs deſdites maiſons, lieux & endroits, & pour leur ſeureté & libre perception des deniers de leurſdites fermes & affaires, les mettrez en la protection & ſauuegarde des Capitaines, Lieutenans, Enſeignes & autres notables Bourgeois des quartiers où leſdits Bureaux ſeront par vous reſtablis, leur enioignant d'y tenir la main, & donner toute ſeureté, protection & main forte en cas de beſoing, lors toutesfois & quantes que requis en ſeront, à peine d'en reſpondre en leurs propres & priuez noms, leur declarant chacun à leur eſgard en cas que leſdits Fermiers, Receueurs & autres chargez de nos affaires, leur

Procureurs & Commis, ſoient opprimez, inquietez ou moleſtez par rebellion, eſmotion ou autrement par les peuples & habitans de ladite ville que nous entendons qu'il ſoit pour raiſon procedé directement & extraordinairement à l'encontre d'eux & qu'ils ſoient punis ſelon les crimes qui pourront eſtre commis eſdites rebellions & eſmotions, & de tout dreſſerez vos procez verbaux, leſquels remettrez és mains dudit Sieur Chancelier de France: De ce faire vous donnons pouuoir, Commandons au premier noſtre Huiſſier ou Sergent ſur ce requis de faire pour l'entiere execution dudit Arreſt & des preſentes, tous exploits, ſommations, commandemens, deffences & autres actes neceſſaires ſans pour ce demander aucune permiſſion ny pareatis, & nonobſtant clameur de Haro & Chartre Normande, & ſera foy adiouſtée aux Coppies collationnées dudit Arreſt & des preſentes par l'vn de nos Amez & Feaux Conſeillers & Secretaires comme aux originaux. CAR TEL eſt noſtre plaiſir. Donné à Roüen le troiſieſme iour de Ianuier l'an de Grace, mil ſix cens quarante, & de noſtre Regne le trentieſme. Par le ROY en ſon Conſeil Signé Galland, & ſeellé du grand Sceau de cire jaulne.

Collationné aux Originaux par moy Conſeiller Secretaire du Roy & de ſes Finances.

EXTRAICT DES REGISTRES DV CONSEIL D'ESTAT.

E ROY ayant par Arrest de son Conseil du troisiesme du present mois, ordonné que tous les Bureaux des fermes, droicts & affaires de sa Majesté, forcez, pillez ou qui se seroient retirez de la ville de Roüen lors des émotions populaires arriuées au mois d'Aoust dernier, seroient restablis és Maisons, lieux, & endroits où ils estoient auparauant lesdites émotions, Et pour cet effect commis & deputé des sieurs Conseillers en son Conseil d'Estat & Maistres des Requestes ordinaires de son Hostel, lesquels auroient en consequence procedé audit establissement, & ne reste à present que de cognoistre au vray les pertes & dommages soufferts par lesdits Fermiers, Commis & autres qui estoient préposez pour tenir lesdits Bureaux & agir esdites fermes, recouurements & establissement des droicts & affaires de sa Majesté, sur les estatz qui en doiuent estre par eux donnez, & les informations qui en seront rapportées, pour y estre pourueu ainsi qu'il appartiendra par raison, lesquels estatz lesdits Fermiers, Commis & autres pretendans lesdites pertes different de fournir, ou les donnent, & y employent des sommes si excessiues, sans en rapporter les preuues valables: Qu'il est tres-difficile d'y pouruoir, qu'apres vne ample information & entiere cognoissance desdites pertes, ce qui pourroit prendre vn long train, & retarder le seruice de sa Majesté: A quoy estant necessaire de pouruoir & accelerer les affaires de ſa Majeſté. LE ROY EN SON CONSEIL, a ordonné & ordonne, Que dans trois iours pour toutes prefixions & delais, du iour de la ſignification qui ſera faite du preſent Arreſt auſdits Bureaux, leſdits Fermiers, Commis & autres pretendans pertes & dommages à cauſe deſdites émotions, fourniront les eſtatz de leurs pretenduës pertes & dommages, és mains du Secretaire du Conſeil, & ledit delay paſſé, n'y ſeront plus receus, & demeureront décheus de leurs pretentions. Comme auſſi en cas qu'ils employent dans leurs eſtatz autre choſe que ce qu'ils ont effectiuement perdu eſdites émotions & ſouffert à cauſe d'icelles, & que par les informations qui ſeront faites & rapportées, il ſe iuſtifie du faux employ qu'ils pourroient faire auſdits eſtatz, Sa Majeſté les a ſemblablement declarez priuez & décheus de leurs pretentions. Faict au Conſeil d'Eſtat du Roy, tenu à Roüen le quatorzieſme iour de Ianuier, mil ſix cens quarante. Signé, GALLAND.

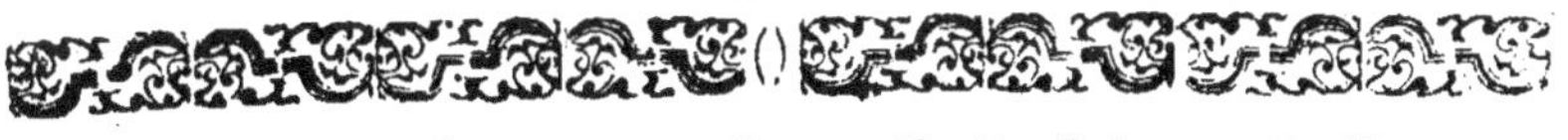

EXTRAICT DES REGISTRES du Conseil d'Estat.

VR CE QVI A ESTE' REPRE-senté au Roy en son Conseil, par Maistre Iean de la Guillaumye Commis par sa Majesté, pour faire l'establissement & fonction des Offices de Controlleurs des Teintures de la Prouince de Normandie creez par l'Edict du mois de May dernier, que par Arrest du Conseil du vingtiesme des presents mois & an, donné par forme de Reglement & és interpretations dudit Edict, Sadite Majesté auroit entr'autres choses ordonné que les Visites chez les Marchans se feront en la presence d'vn Preud'homme que sa Majesté commettroit pour cét effect en chacune Ville où lesdits Offices seront establis, afin qu'elles se fassent auec plus de sincerité ce qui neãtmoins apporteroit de grands frais à sa Majesté qui s'est chargée du payement desdits Preud'hommes, & de grandes difficultez & longueurs audit establissement, d'autant que lesdits Marchands pourroient auoir quelque deffiance des personnes qui seroient ainsi nommées, & que lesdites Visites se feront en diuers lieux à mesme temps, mesmes qu'il est necessaire d'expliquer & esclaircir les termes dudit Edict, en ce qui regarde les droicts qui doiuent estre payez pour les Estoffes de couleur de bure & meslangees, dont la laine a esté mise en teinture auparauant que lesdites Estoffes en ayent esté façonnées, attendu que sous pretexte que ce mot de Bure a esté employé en l'article des legeres Estoffes qui ne doiuent payer que six deniers pour aulne, lesdits Marchands & autres y veulent comprendre les draps de Hollande, d'Angleterre, de Berry, du Sceau, Darnestal & autres pareilles sortes d'Estoffes qui sont de ladite couleur de Bure, ou meslangées, ce qui seroit contre l'intention de sadite Majesté, qui dans ledit Article n'a entendu parler que des moindres Bures dont ont accoustumé d'vser & se seruir les Gens de basse condition, ayant dans les autres Articles dudit Edict comprins lesdites Estoffes, comme estans de grand prix & plus considerables, Supliant aussi sadite Majesté de vouloir declarer son intention sur les Estoffes Estrangeres, comme Crezez, Baguettes & Frizes d'Angleterre, dont lesdits Marchands ne pretendent payer lesdits droicts de Controlle que sur le mesme pied de celles de pareil nom & qualité qui se fabriquent en ce Royaume, combien que lesdites Marchandises soient apportées des Pays Estrangers, & les droicts d'icelles ayent esté reglez par ledit Edict. Vev ledit Edict, ledit Arrest portant Reglement du vingtiesme du present mois, la Requeste des Maistres Gardes de la grande Drapperie de la Ville de Roüen, tendant à ce que deffences soient faictes ausdits Commis d'exiger d'eux plus grande somme, que celles reglees par lesdits Edict & Arrest. Le Roy en son Conseil a ordonné & ordonne que ledit Arrest du Conseil du vingtiesme du present mois sera executé, gardé & obserué, & ce faisant, que lesdits marchans Teinturiers, Drappiers & autres payeront les droicts portez par iceluy, mesmes les six deniers pour aulne des Bures meslangees & autres dont les laines ont esté ou seront teintes ou passees en teintures auant que d'estre façonnées, sans que pour raison d'icelles, ledit Controlleur ou ses Commis puissent prendre, ny exiger plus grand droict, sinon en cas que lesdites Bures &

Draps meſlangez ſoyent Draps de Hollande, d'Eſpagne ou d'Angleterre, leſquels ſuiuans ledit Edict payeront trois ſols pour aulne, comme auſſi les Ratines, Frizes, Baguettes, Crezez & autres de pareilles fabriques eſtrangeres payeront deux ſols pour aulne ſuiuant ledit Edict, & celles de Beauuais & autres façonnées en France, ſix deniers pour aulne. Faict au Conſeil d'Eſtat du Roy, tenu à Roüen le vingt huictieſme iour de Ianuier mil ſix cens quarante.

Signé GALLAND.

LOVIS PAR LA GRACE DE DIEV ROY DE FRANCE ET DE NAVARRE, Au premier des Huiſſiers de nos Conſeils ou autre noſtre Huiſſier ou Sergent ſur ce requis, Salut, Nous vous mandons & commandons que l'Arreſt, dont l'Extraict eſt cy attaché ſous le contreſcel de noſtre Chancellerie, ce iourd'huy donné en noſtre Conſeil d'Eſtat, ſur ce qui a eſté repreſenté en iceluy par Maiſtre Iean de la Guillaumye par Nous Commis pour faire l'eſtabliſſement & fonction des Offices de Controlleurs des Teintures de la Prouince de Normandie, creez par l'Edict du mois de May dernier, Vous ayez à ſignifier auſdits Commis & autres qu'il appartiendra, à ce qu'ils n'en pretendent cauſe d'ignorance, leur faiſant de par Nous deffences de prendre plus grands droicts pour les Eſtoffes y mentionnées, que ceux portez par ledit Arreſt, à peine de tous deſpens, dommages & intereſts, & au ſurplus pour l'entiere execution d'iceluy & d'autre Arreſt y enoncé à la Requeſte des Maiſtres & Gardes de la grande Drapperie de Roüen, toutes autres ſignifications, deffences, actes & exploicts requis & neceſſaires, ſans demander autre congé ne permiſſion. CAR TEL eſt noſtre plaiſir, nonobſtant clameur de Haro, Chartre Normande, Priſe à partie & Lettres à ce contraires. DONNE' à Roüen le vingt-huictieſme iour de Ianuier l'an de grace mil ſix cens quarante, Et de noſtre Regne le trentieſme. PAR LE ROY en ſon Conſeil, Signé, GALLAND. Et ſcellé du grand ſceau de cire jaune.

EXTRAICT DES REGISTRES DV CONSEIL D'ESTAT.

E ROY ayant par Arrest de son Conseil du 23. Decembre dernier, ordonné que les Officiers des Eslections de la Prouince de Normandie deputeroient deux d'entr'eux, trois iours apres la signification d'iceluy, pour comparoir au Conseil pendant le sejour qu'il fera en la ville de Roüen, & y rendre compte de l'exercice de leurs charges pendant les années 1635. 1636. 1637. 1638. & 1639. Et enjoint aux Receueurs des Tailles, du Taillon, des droicts allienez, & autres Commis à la recepte des deniers imposez esdites années, d'y apporter ou enuoyer leurs Registres & acquits, auec les estatz par le menu des restes qu'ils pretendent estre deubs par les Parroisses: Et bien que lesdits Officiers ayent deu satisfaire audit Arrest, Neantmoins la plus grande partie n'ont comparu ny enuoyé lesdits Registres & estatz, sous pretexte qu'ils n'ont la liberté, & qu'il y a diuerses contraintes par corps decernées contr'eux, tant pour le payement de Taxes qu'ils doiuent, que de plusieurs autres parties assignées sur lesdits deniers de leurs charges. A quoy estant necessaire de pouruoir, & faire promptement executer l'intention de sa Majesté, qui est de cognoistre l'estat de la Prouince, & les Villes, Bourgs & Parroisses en demeure de payer. SA MAIESTÉ en son Conseil, a accordé & accorde ausdits Officiers des Eslections qui seront deputez en consequence dudit Arrest du 23. Decembre dernier, Et aux Receueurs des Tailles, du Taillon, & autres Commis à la recepte des deniers imposez esdites années, Sauf-conduit pour le voyage qu'ils feront des Villes de leurs Eslections en la ville de Roüen, huict iours de sejour en icelle, & leur retour. Pendant lesquels voyage, sejour & retour, toutes contraintes par corps, pour quelque cause & occasion que ce soit, surseoirront contre lesdits Officiers deputez, Receueurs & Commis, ausquels sa Majesté enjoint tres-expressément de satisfaire audit Arrest du 23. Decembre, à peine contre les deffaillans d'estre contraints solidairement au payement des restes deubs desdites impositions des années dernieres, sans esperance d'en estre deschargez. ORDONNE aux Receueurs generaux des Finances, du Taillon, des Ponts & Chaussées, des Rentes, & autres, de decerner leurs contraintes contre lesdits Officiers, Receueurs & Commis deffaillans solidairement, pour ce qui eſt deub eſdites Eſlections des deniers de leurs charges deſdites années, & les faire executer, Nonobſtant oppoſitions, appellations, & tous empeſchemens quelsconques. Faict au Conſeil d'Eſtat du Roy, tenu à Roüen le quatorzieſme iour de Ianuier mil ſix cens quarante.

Signé, GALLAND.

LOVIS par la grace de Dieu Roy de France & de Nauarre; Au premier noſtre Huiſſier ou Sergent ſur ce requis, Salut. Nous te mandons, commandons, & tres-expreſſément enjoignons par ces preſentes, Que l'Arreſt ce jourd'huy donné en noſtre Conſeil d'Eſtat, dont l'extraict eſt cy-attaché ſous le contreſcel de noſtre Chancelerie, Tu ſignifie à tous qu'il appartiendra, à ce qu'ils n'en pretendent cauſe d'ignorance, & ayent à y obeyr: Et pour l'entiere execution d'iceluy, faits tous actes & exploicts neceſſaires, ſans demander autre aucune permiſſion, viſa ne pareatis, & ſera adjouſté foy comme aux originaux aux coppies dudit Arreſt & des preſentes collationnées par l'vn de nos amez & feaux Conſeillers & Secretaires, CAR tel eſt noſtre plaiſir. Donné à Roüen le quatorzieſme iour de Ianuier, l'an de grace mil ſix cens quarante. Et de noſtre Regne le trentiéme. PAR LE ROY EN SON CONSEIL. Signé, GALLAND. Et ſcellé ſur ſimple queuë du grand ſceau de cire jaulne.

Collationné aux originaux par moy Conſeiller Secretaire du Roy & de ſes Finances.

DE PAR LE ROY.

NOVS Lieutenant General au Bailliage de Roüen, Faisons sçauoir à tous bourgeois & habitans de cette ville de Roüen, suiuant les ordres qui nous en ont esté donnez par Monsieur de Gassion Mareschal de Camp és Armées du Roy, Que sa Majesté laisse aux choix desdits Bourgeois & habitans de nourrir les gens de pied qui sont logez chez eux, de leurs viures ordinaires, ou de bailler six sols par iour, auec les vstenciles à chaque Soldat à pied, & au Caualier trente sols. Sera la presente Ordonnance leuë, publiée & affichée par les Carfours & autres lieux publics, à ce qu'aucun n'en pretende cause d'ignorance. Faict à Roüen le dernier iour de Decembre, mil six cens trente-neuf. Signé, GODART.

DE PAR LE ROY.

DEFENSES sont faites à toutes sortes d'habitans de quelque qualité & condition qu'ils soient, de marcher par les ruës de cette ville de Roüen sans lumiere apres huict heures du soir, ny mesmes auec lumiere apres dix heures aussi de soir, pour quelque cause & sous quelque pretexte que ce soit, à peine contre les contreuenans pour la premiere fois, de cent liures d'amende, pour laquelle ils seront constituez prisonniers, & pour la seconde d'estre procedé contre eux comme contre perturbateurs de la tranquillité publique. Et pour cet effet enjoint aux Curez & Tresoriers des Parroisses de cettedite Ville, de faire sonner la grosse Cloche de leur Parroisse à neuf heures du soir, pour faire ladite retraitte. Faict par nous Lieutenant General au Bailliage de Roüen, suiuant l'ordre à nous donné par Monsieur de Gassion, Mareschal de Camp aux Armées du Roy. Sera la presente Ordonnance leuë, publiée & affichée aux Carfours & autres lieux publics de cette ville de

Roüen, à ce qu'aucun n'en pretende cause d'ignorance, le premier iour de Ianuier mil six cens quarante. Signé, GODART.

LA presente Ordonnance a esté leuë par nous Nicolas le François & Ionas le Blanc, Sergens Royaux au Bailliage & Vicomté de Roüen, l'an & iour que dessus. Presence de Guillaume Grenet, Commis du Trompette ordinaire de cettedite ville.

Signé, LE FRANCOIS. LE BLANC. & GRENET.

DE PAR LE ROY.

SVR ce qui a esté representé à Monsieur de Gassion, Mareschal de Camp és Armées du Roy, par plusieurs des Bourgeois & habitans de cette ville de Roüen, Qu'ayant laissé à leur choix de nourrir les gens de Cheual & de pied de leur viures ordinaires, ou de payer trente sols à chaque Caualier, & six sols à chaque Soldat à pied, auec les vstenciles, il se pourroit commettre beaucoup de desordres contre son intention, s'il ne luy plaisoit declarer quelle somme payeront lesdits habitans qui ne voudront fournir lesdites vstenciles en essence. MONDIT sieur de Gassion nous a donné ordre de faire publier que tous Bourgeois & habitans estoient deschargez des vstenciles, en payant au lieu d'iceux à chaque Caualier quatre sols, & à chaque homme de pied dix-huict deniers. Faict par nous Lieutenant General au Bailliage de Roüen, le troisiesme iour de Ianuier mil six cens quarante. Signé, GODART.

DE PAR LE ROY.

SA Majesté ayant veu l'Ordonnance du dernier Decembre mil six cens trente neuf, publiée à son de Trompe & cry public par la ville de Roüen, suiuant les ordres donnez au Lieutenant General de ladite Ville par le sieur Gassion Mareschal de Camp des Armées de sa Majesté, Portant qu'il seroit au choix des Bourgeois de ladite Ville de nourrir les Gens de guerre tant de pied que de cheual logez chez eux, où de donner à chacun Soldat à pied six sols, auec les vstencilles, & à chacun Caualier trente sols. Autre Ordonnance publiée le troisiéme du present mois, portant descharge ausdits Bourgeois de fournir lesdits vstencilles, en payant ausdits Soldats à pied logez chez eux vn sol six deniers par iour, & aux Caualiers quatre sols. SA MAIESTE' desirant que lesdites Ordonnances & Reglemens soiët exactement obseruez, & qu'il n'y soit point contreuenu par lesdits Gens de guerres: Et voulant pouruoir aux plaintes qui luy ont esté faites par les Bourgeois de ladite Ville, que plusieurs desdits Gens de guerre tant de pied que de cheual logez chez eux, les contraignent de faire de grandes despences pour leur nourriture, ne se contentans pas du payement de la taxe faite par lesdites Ordonnances, vsans de menaces & de mauuais traitemens à l'encontre d'eux, lors qu'ils ne veulent pas satisfaire à ce qu'ils leur demandent. A ORDONNE' & ordonne que lesdites Ordonnances & Reglements seront exactement obseruez. Faict tres-expresses inhibitions & deffences ausdits Gens de guerre tant de pied que de cheual d'y con treuenir à peine de la vie : Enjoinct aux Chefs & Officiers des Regiments & Compagnies de Caualerie d'y tenir la main, à peine de respondre des contrauentions qui y seront faites en leurs propres & priuez noms. Et d'autant que sa Majesté est bien aduertie que lesdits Gens de guerre tant de pied que de cheual, commettent plusieurs insolences par les ruës & dans les Maisons où ils sont logez, & à la Campagne, contre son intention, Elle enjoinct ausdits Gens de guerre tant de pied que de cheual, de se contenir dans l'ordre & la discipline militaire, sans entreprendre de faire aucune injure aux Bourgeois & habitans de ladite Ville, n'y d'arrester les denrées, viures & marchandises arriuans en icelle, sous les peines portées par les Ordonnances militaires, & plus grandes s'il y eschet. ORDONNE sa Majesté à tous les Chefs, Officiers desdits Gens de guerre de tenir la main à ce que la presente Ordonnance soit exactement obseruée, à peine d'en respondre en leurs propres & priuez noms, Et en cas de contrauention, sadite Majesté permet ausdits Bourgeois d'en donner aduis à son Conseil, pour y estre pourueu ainsi qu'il iugera estre à faire par raison. FAICT à S. Germain en Laye, le 5. iour de Ianuier mil six cens quarante. Signé, LOVIS. Et plus bas, PHELYPEAVX.

LEcture & publication du contenu en l'Ordonnance de sa Majesté, a esté faite par nous Benjamain l'Aigle & Dauid Viuier, Sergens Royaux, Priseurs, Vendeurs de biens meubles & namps au Bailliage Siege Presidial & Vicomté de Roüen, à son de Trompe & cry public par les Carfours & lieux accoustumez en cestedite ville, à ce qu'aucune personne n'en pretende cause d'ignorance, ce iourd'huy cinquiéme Ianuier mil six cens quarante. Presence de plusieurs personnes en grand nombre, & de Guillaume Grenet, Commis du Trompette Royal en cestedite ville.

Signé, L'AIGLE & VIVYER.

Extraict des Registres du Conseil d'Estat.

LE Roy voulant faire obseruer par les trouppes tant d'Infanterie que Caualleric, logées dans la ville & fauxbourgs de Roüen, Les ordonnances & reglements faits par sa Majesté, sur les ordres & disciplines militaires, Ensemble les bans & deffences publiées depuis leur logement en ladite ville, A ORDONNÉ & ordonne que par les Maistres des Requestes ordinaires de son Hostel, estant pres Monsieur le Chancelier, qui seront à cét effect commis & deputez en chacun des quartiers de ladite ville, il sera incessamment informé des exactions, violences & exceds commis par lesdites trouppes dans ladite ville & fauxbourgs de Roüen, contre & au preiudice desdites ordonnances, reglemens, bans & deffences, & procedé contre les coulpables extraordinairement par les voyes portées par lesdites ordonnances : ENIOINT sa Majesté à tous les bourgeois & habitans de ladite ville & fauxbourgs de donner leurs plaintes esdits Commissaires, & leur administrer preuue desdites exactions, exceds & violences, pour sur le tout estre pourueu ainsi qu'il appartiendra : FAICT au Conseil d'Estat du Roy, tenu à Roüen, le 5. iour de Ianuier mil six cens quarante.

Signé, GALLAND.

MESSIEVRS LES MAISTRES DES Requestes ordinaires de l'Hostel du Roy cy apres nommez, sont par nous Commis pour la police, & pour faire viure les Gens de Guerre qui sont dans la Ville de Roüen, suiuant les reglemens publiez. SÇAVOIR,

Au quartier de Martainuille.

MESSIEVRS,

De Montescot.

D'Aubray.

De Here.

Au quartier de Cauchoise.

De la Berchere.

Marescot.

Au quartier de Beauuoisine.

De la Ferté.

Vignier.

Du Til.

Au quartier de Sainct Hilaire.

De Vertamont.

Sainct Jouin.

FAICT à Roüen, le iour de Ianuier 1640. Signé, SEGVIER. Et plus bas, Par Monseigneur, CEBERET.

LE ROY voulant apporter vn bon ordre en sa Ville de Roüen, pour preuenir & empescher à l'aduenir, qu'il y arriue émotion ou sedition, au prejudice de son seruice, du repos & seureté de ses bons & fideles subjects, bourgeois & habitans d'icelle, Sa Majesté à ordonné & ordonne ce qui ensuit, qu'elle veut estre gardé & obserué tres exactement.

S'il suruient en ladite Ville quelque émotion ou sedition, le Capitaine du quartier où en son absence son Lieutenant, & en l'absence de celuy-cy, son Enseigne, feront battre incontinent le Tambour, pour aduertir les Bourgeois qui sont demeurez armez, de prendre leurs armes.

Av son dudit Tambour, lesdits Bourgeois prendront promptement leurs armes, & se rendront en la Maison dudit Capitaine, de son Lieutenant, ou de son Enseigne; ou de l'vn en l'absence de l'autre, pour reçeuoir ses ordres, à peine, contre les deffaillans & contreuenans, d'estre procedé contre eux comme dessobeïssans & rebelles aux commandemens de sa Majesté, & complices de l'émotion ou sedition, & d'estre responsables des desordres qui arriueront.

Qve le Capitaine du quartier, ses Lieutenant & Enseigne, l'vn en l'absence de l'autre, donneront aduis au Colonel du quartier, & aux Commissaires establis par sa Majesté a l'Hostel de Ville, de l'émotion ou sedition suruenuë, & des ordres qu'ils auront apporté pour en arrester le cours.

Les Commissaires de l'Hostel de Ville informeront sans delay de l'émotion ou sedition, le Gouuerneur, s'il est present en ladite Ville, & en son absence, le premier President, du Parlement, cóme aussi le Sergent Major, afin que ledit Sieur Gouuerneur, & ledit Sieur premier President en son absence, pouruoye & donne l'ordre conuenable pour arrester l'émotion ou sedition ainsi qu'il verra estre à faire pour le mieux.

QVE le Lieutenant au vieil-Palais, ou celuy qui y commandera en son absence, suiuant les ordres qui leur seront donnez par ledit Sieur premier President, en l'absence dudit Sieur Gouuerneur, sortiront auec des forces dudit Palais en la Ville, & pouruoiront à la seureté d'icelle, ainsi qu'iceluy Sieur premier President en l'absence dudit Sieur Gouuerneur, iugera estre à faire par raison.

LES Capitaines des Harquebusiers & de la Cinquantaine, se rendront auec leurs Compagnies au lieu ou il leur sera ordonné par ledit Gouuerneur, & en son absence par ledit Sieur premier President, & s'employeront pour arrester le cours du desordre, émotion ou sedition, suiuant son commandement.

VEVT SA MAIESTE', la presente Ordonnance estre publiée en ladite Ville, à son de Trompe & cry public, & affichée en tous les lieux accoustumez, afin qu'aucun n'en puisse pretendre cause d'ignorance. DONNE' à Saint Germain en Laye le septiesme iour de Feburier mil six cens quarante. Signé, LOVIS. Et plus bas PHELYPEAVX.

TARIFFE DES IMPOSITIONS QVE LE ROY EN SON

Conseil à permis & octroyé aux Bourgeois & Habitans de ladite Ville & Banlieuë de Roüen, de leuer durant trois ans commençans du iour & datte du present Tariffe, & finissant à la veille de Pasques que l'on comptera mil six cens quarante-trois, sur les marchandises & denrées cy apres specifiées, qui se vendront & consommeront en ladite Ville & Banlieuë, outre & par dessus les anciennes Impositiõs, pour satisfaire au payement d'vn Million quatre-vingts cinq mil liures, Que sa Majesté desire estre leuée sur ladite Ville de Roüen : Sçauoir, quarante trois mil liures, pour reste de la subsistance des Gens de Guerre de l'année derniere, Quarante deux mil liures, pour reste des Six-vingts mil liures, à quoy ladite Ville a esté taxée par Arrest du Conseil, pour la joüissance des Halles & Moulins, Cent cinquante mil liures pour la subsistance de l'année presente, Quatre cens vingt mil liures, pour la taxe & emprunt sur les aysez d'icelle Ville, Et quatre cens mil liures pour le dédommagement des personnes interessées aux émotions populaires arriuées en ladite Ville au mois d'Aoust dernier, Et trente mil liures pour les interests des sommes qui seront aduancées pour cét effect. Toutes lesquelles Impositions seront payées par toutes sortes de personnes de quelque qualité & condition qu'ils soient, exempts & non exempts, priuilegez & non priuilegez, A la charge qu'elles demeureront esteintes & suprimées apres ledit temps passé & expiré, où plustost si la somme est remplie & acquittée, n'y qu'elles puissent estre continuées pour quelque cause & occasion que ce soit.

ASSAVOIR,

SVR chaque Bœuf entrant en la Ville & Banlieuë de Roüen, six liures, cy vj. l.

Sur chaque Vache soixante sols, cy lx. s.

Sur chaque Pourceau vingt sols, cy xx. s.

Sur chaque Mouton, Brebis ou Veau dix sols, cy x. s.

Sur chaque Ponçon de Vin entrant & qui se consommera en ladite Ville & Banlieuë, Quatre liures, & des autres vaisseaux à l'équipolent. iiij. l.

Sur chaque Ponçon de Sildre ou Poyré vingt sols, & des autres vaisseaux à l'équipolent. cy xx. s.

Sur toute sorte de Poisson frais, y compris les Huistres, qui sera vendu & debité en ladite Ville & Banlieuë, vn sol pour liure, cy j. s.

Sur chaque baril de Harenc blanc entrant & vendu en ladite ville & banlieuë dix sols, cy x. s.

Sur chaque milier de Harenc sor dix sols, cy x. s.

Sur chaque cent de Moruë verte vingt sols, cy xx. s.

Sur chaque cent de Moruë seiche dix sols, cy x. s.

Sur chaque hambourg de Saumon vingt sols, cy xx. s.

Sur chaque baril de Maquereau dix sols, cy x. s.

Sur chaque baril de Moruë en sel ou sausse dix sols, cy x s.

Sur chaque charettée de bois à brusler entrant en ladite ville & banlieuë de quelque sorte & qualité qu'il soit, la charettée contenant deux miliers de fagots ou cotterets, où quatre mesures de busches & deux mesures de busches de Lyon, cinq sols, cy v. s.

Sur chaque petite broüette chargée de bois six deniers, cy vj. d.

Sur chaque somme de cheual vn sol, cy j. s.

Sur chaquē charettée de charbon huict sols, cy viij. s.

Sur chaque somme de cheual deux sols, cy ij. s.

Sur chaque cent poisant de beurre frais, entrant & vendu en la ville & banlieuë, vingt sols, cy xx. s.

Sur chacun pot de beurre salé entrant & vendu en ladite ville & banlieuë cinq sols, cy v. s.

Sur chaque Tinette huict sols, cy viij. s.

Sur chaque demie Tinette quatre sols, cy iiij. s.

Sur chaque piece de drap d'Espagne, Angleterre & Hollande, blanc, teint ou meslé, entrant & vendu en la ville & banlieuë douze liures, & les demies pieces à l'équipolent, cy xij. l.

Sur chaque piece de Sarge & Ratine de Florence douze liures, cy xij. l.

Sur chaque piece de Sarge raze d'autonne vingt sols, cy xx. s.

Sur chaque liure poisant de manufactures de soye de toutes sortes, tant en étoffes, Bas, dentelles, passemens & ruban, entrans & vendus en ladite ville & banlieuë quinze sols, cy xv. s.

Sur chaque botte de soye écreüe cinq sols, cy v. s.

Sur chaque botte de soye teinte sept sols six deniers, cy vij. s. vj. d.

Sur chacun cent de planches de sap, chesne ou haistre, au compte ordinaire entrant & vendu en ladite ville & banlieuë, cent sols, cy c. s.

Sur chaque mont de plastre entrãt en ladite ville & banlieuë huict sols, cy viij s.

Sur chaque milier de tuille & grand paué entrant en ladite ville & banlieuë dix sols, cy x. s.

Sur chaque milier de petite tuille & petit paué sept sols six deniers, cy vij s. vj. d.

Sur chaque milier d'ardoise vingt sols, cy xx. s.

Sur chaque milier de plomb, entrant & vendu en la ville & banlieuë soixante sols, cy lx. s.

Sur chaque cent pesant d'estain, entrant & vendu en la ville &

banlieuë quarante ſols, cy xl. ſ.

Sur chacun cent poiſant de ſuif de toutes ſortes, eſtranger ou forain, ſoit en pain, baril & pippe entrant & vendu en la ville & banlieuë vingt ſols, cy xx. ſ.

Sur chaque cent de piece de formage de Hollande entrant & vendu en la ville & banlieuë, cent ſols, cy c. ſ.

Sur chacun cent de barils de charbon de terre entrant & deſchargé à terre en la ville & banlieuë, ſix liures, cy vj. l.

Sur chaque piece de toille de Hollande tant de ſoye que de fil, de toutes ſortes, cordelette, baptiſte, Cambray, affut & quintin, & ſur chaque piece de Troye, Saint Quentin & Beauuais, entrant & vendu en la ville & banlieuë vingt ſols, cy xx. ſ.

Sur chaque pippe d'huille d'olliue entrant & vendu en la ville & banlieuë, Cent ſols, & des autres vaiſſeaux à l'équipolent, ſuiuant la reduction qui ſe fait en la Romaine, cy c. ſ.

Sur chaque barique d'huille de Poiſſon, rabette, nois & lin, entrans & venduës en la ville & banlieuë quinze ſols, & des autres vaiſſeaux à l'équipollent, cy xv. ſ.

Sur chaque liure poiſant d'Indigo, entrant & vendu en la ville & banlieuë, quatre ſols, cy iiij. ſ.

Sur chaque pennier, cages, & cageot de gibier & volaille entrant en la ville & banlieuë dix ſols, cy x. ſ.

Sur chaque piece de volaille d'Inde, Leuraux, Cabril, Aigneau, Cochon de laict, Buttor, Heron, Paon, Faiſant, Canard de riuiere, porté en pannier à bras, pouche ou à la main, vn ſol, cy j. ſ.

Sur chaque Cercelle, Perdrix, Plouuier, Becaſſe, Autys, Morillon, Vanet, Bizet, Ramier, poullet d'Inde, Courlieur, Liuergin, Lapin, Poulle, Chapon, Canart de pallier, & couple de Poullets porté en pannier à bras, pouche ou à la main, ſix deniers, cy vj. d.

Sur chaque douzaine de Pigeons, Cheualiers, Beccaſſines, Cailles, Poullets

Poullets caillerets vn ſol, cy j ſ.

Sur chaque douzaine de Mauuis, Allouëttes, Litournes ſix deniers, cy vj d.

Sur chacun cent poiſant de Sauon en balle, caſſe, ou boucault, blanc & madré, entrant & vendu en la ville & banlieuë quinze ſols, cy xv. ſ.

Sur chacun cent poiſant de Sauon mol de toutes ſortes ſept ſols ſix deniers, cy vij. ſ. vj. d.

Sur chacun cent poiſant de Sauon, manufacturé en la ville & banlieuë, ſept ſols ſix deniers, cy vij. ſ. vj. d.

Sur chacun cent poiſant de Sucre raffiné en la ville & banlieuë. quinze ſols, cy xv. ſ

Sur chacun cent poiſant d'Alun de Rome & d'Angleterre entrant & vendu en la ville & banlieuë, dix ſols, cy x. ſ.

TOVS leſquels droicts ſeront pris & leuez ſur toutes les Marchandiſes & denrées cy deſſus declarées, qui ſe conſommeront dans ladite Ville, Fauxbourgs & Banlieuë de Roüen, & ſans qu'ils puiſſent eſtre leuez n'y exigez ſur les marchandiſes & denrées qui entreront, paſſeront debout, ou ſejourneront dans ladite Ville, Fauxbourgs & Banlieuë de Roüen, pour en eſtre tranſportées ſuiuant l'Arreſt du Conſeil de ce jourd'huy.

FAICT & arreſté au Conſeil d'Eſtat du Roy, tenu à Roüen le ſixieſme iour de Feburier, mil ſix cens quarante.

Signé, GALLAND.

Regiſtré és Regiſtres de la Cour, ſuiuant l'Arreſt de ce iour. A Roüen en Parlement le 13. Feburier mil ſix cens quarante.

Signé, DE HARDELEY.

Regiſtré és Regiſtres de la Chambre des Comptes de Normandie, oy & ce conſentant le Procureur General du Roy, pour eſtre leſdites Impoſitions leuées ſuiuant l'Arreſt de ce iour 16. de Feburier l'an mil ſix cens quarante.

Signé, DE CANTEL.

B

Extraict des regiſtres du Conſeil d'Eſtat.

SVR ce qui à eſté repreſenté au Roy en ſon Conſeil, Par les Bourgeois & Habitans de la Ville, Fauxbourgs & Banlieuë de Roüen, Que ſuiuant l'Arreſt du Conſeil de ce iourd'huy, ils ſont obligez ſolidairement payer la ſomme d'vn Million quatre-vingts cinq mil liures, tant pour ce qu'ils doibuent de reſte de l'année derniere de la ſubſiſtance, de reſte d'vne partie de Six-vingts mil liures, qu'ils eſtoient tenus payer a l'Eſpargne, pour ce à quoy ils ont eſté taxez, pour la ſubſiſtance du preſent quartier d'Hyuer, a cauſe de trente mil liures de rente ſur les Tailles au denier quatorze, ordonnez eſtre diſtribuez aux ayſez, Enſemble pour les pertes & dommages ſoufſertes par les Fermiers commis & autres, durant les émotions ſuruenuës en ladite Ville pendant le mois d'Aouſt dernier, pour le payement de laquelle ils ont recherché tous les moyens à eux poſſibles, & n'en peuuent trouuer de plus faciles, qu'en impoſant ſur les denrées & marchandiſes qui ſe conſommeront en ladite Ville, Fauxbourgs & Banlieuë, les droicts cõtenus au Tariffe dont ils ſont demeurez d'accord dans leur aſſemblée generale, faite à cet effect en l'Hoſtel Commun de ladite Ville, le trentieſme Ianuier dernier, pour eſtre payez par toutes ſortes de perſonnes de quelque qualité & condition qu'ils ſoient, exempts & non exempts, priuilegez & non priuilegez, pendant trois ans à commençer du iour de l'eſtabliſſement, & qui finiront la veille de Paſques que l'on comptera 1643. Requeroient qu'il pleuſt à ſa Majeſté ſur ce leur pouruoir, & leur octroyer permiſſion de leuer leſdits droicts pendant ledit temps. VEV ledit Acte d'aſſemblée dudit iour 30. Ianuier dernier: LE ROY EN SON CONSEIL, A permis & octroyé permet & octroye auſdits Bourgeois & habitans de la Ville, Fauxbourgs & Banlieuë de Roüen, d'impoſer & leuer ſur les denrées & marchãdiſes qui entreront & ſe conſommerõt dans ladite Ville Fauxbourgs & Banlieuë, les droicts cõtenus au Tariffe ce iourd'huy arreſté au Conſeil, a cõmencer du iour de la publication du preſent Arreſt & dudit Tariffe, juſques à la veille de Paſques, que l'on comptera mil ſix cens quarante-trois, ſans que leſdits droicts contenus audit Tariffe puiſſent eſtre pretendus ny demandez ſur les denrées & marchandiſes qui entreront & paſſeront de bout ou ſejourneront dans ladite Ville, Fauxbourgs & Banlieuë pour en eſtre tranſportées, dõt les Marchands ſeront tenus fournir leur declaration en arriuans en ladite Ville, à peine de confiſcation, & de tous deſpens dommages & intereſts contre les [illegible], Ordonne que la leuée deſdits droicts ſe fera par les ordres des Commissaires deputez par sa Majesté pour l'administration & gouuernement de l'Hostel Commun de ladite Ville, que les baux en seront faicts au plus offrant & dernier encherisseur à leur diligence par-deuant le Bailly de Roüen ou son Lieutenant en la maniere accoustumée, Sy mieux n'ayment lesdits Commissaires à l'administration & gouuernement de ladite Ville, commettre à la leuée & recepte d'iceux, & autrement les regir & administrer comme ils aduiseront bon estre, & à la charge de compter de la Recepte & despence desdits deniers par celuy ou ceux qui seront commis à la recepte d'iceux, ainsi qu'il est accoustumé pour les deniers d'octroy, & qu'apres ledit iour de Pasques de l'année mil six cens quarante-trois, la leuée desdits droicts cessera, & ne pourra estre continuée pour quelque cause & occasion que ce soit, ains demeurera esteincte & suprimée, Mesmes auparauant ledit temps, s'y ladite somme d'vn Milion quatre-vingts cinq mil liures est acquitée, & sans que lesdits deniers puissent estre diuertis ny employez ailleurs qu'au payement d'icelle somme d'vn Milion quatre-vingts cinq mil liures, Et en cas qu'il interuienne opposition, appellation, empeschement ou differend à l'establissement & perception desdits droicts, SA MAIESTE' en à attribué la Iurisdiction en premiere instance audit Bailly de Roüen ou son Lieutenant, & par appel au Parlement dudit lieu, & icelle interdite à tous autres Iuges. FAICT au Conseil d'Estat du Roy, tenu à Roüen le sixiesme iour de Feburier mil six cens quarante. Signé, GALLAND.

Et a costé,

Registré és Registres du Greffe de la Cour suiuant l'Arrest de ce iour. A Roüen en Parlement le 13. Feburier mil six cens quarante.

Signé, *DE HARDELEY.*

Registré és Registres de la Chambre des Comptes de Normandie, oy & ce consentant le Procureur General du Roy, pour estre executé suiuant l'Arrest de ce iour, saiziesme de Feburier mil six cens quarante.

Signé, *DE CANTEL.*

LOVIS PAR LA GRACE DE DIEV, ROY de France & de Nauarre, A nos amez & feaux les Presidents & Conseillers par nous commis pour tenir nostre Parlement de Roüen, Par l'Arrest dont l'extraict est cy attaché soubs le contrescel de nostre Chancellerie, donné en nostre Conseil d'Estat, Sur ce qui nous à esté representé en iceluy par nos chers & bien amez les Bourgeois & habitans de nostre Ville, Fauxbourgs & Banlieuë de Roüen, Nous leur auons pour les causes & considerations y contenuës, permis & octroyé permettons & octroyons d'impoſer & leuer ſur les denrées & marchandiſes qui entreront & ſe conſommeront dans noſtredite Ville, Faux-bourgs & Banlieuë, les droicts contenus au Tariffe, ce jourd'huy arreſté en noſtredit Conſeil cy attaché ſoubs le contreſcel de noſtre Chancellerie, A commencer du iour de la publication de noſtredit Arreſt & dudit Tariffe, juſques à la veille de Paſques que l'on comptera mil ſix cens quarante trois, aux reſtrinctions portées par ledit Arreſt, & par iceluy ordonné que la leuée deſdits droicts ſeroit faite par les ordres des Commiſſaires par nous deputez pour l'adminiſtration & gouuernement de l'Hoſtel Commun de noſtredite Ville, que les baux en ſeroient faicts au plus offrant & dernier encheriſſeur à leur diligence, pardeuant le Bailly de Roüen ou ſon Lieutenant en la maniere accouſtumée, ſy mieux n'aymoient leſdits Commiſſaires à l'adminiſtration & gouuernement dudit Hoſtel de Ville, commettre à la Recepte d'iceux, & autrement les regir & adminiſtrer comme ils aduiſeront bon eſtre, & à la charge de compter de la Recepte & deſpence deſdits deniers par celuy ou ceux qui ſeront commis à la recepte d'iceux ainſi qu'il eſt accouſtumé pour les deniers d'octroy, & qu'apres ledit iour de Paſques de l'année mil ſix cens quarante trois, la leuée deſdits droicts ceſſeroit, & ne purroit eſtre continuée pour quelque cauſe & occaſion que ce fuſt, ains demeureroient eſteincts & ſuprimés, meſmes auparauant ledit temps ſi la ſomme d'vn Million quatre-vingts cinq mil liures contenuë & mentionnée par noſtredit Arreſt eſtoit acquitée, & ſans que les deniers prouenans de ladite leuée puiſſent eſtre diuertis & employez ailleurs qu'au payement de ladite ſomme. A CES CAVSES, NOVS VOVS MANDONS ET ORDONNONS par ces preſentes ſignées de noſtre main, que vous ayez à enregiſtrer noſtredit Arreſt & ledit Tariffe, & du contenu en iceux faire, ſouffrir & laiſſer joüir noſdits Bourgeois & Habitans de noſtre Ville & Faux-bourgs de Roüen, plainement & paiſiblement pendant & durant le temps y mentionné, & aux charges, clauſes & conditions y contenuës, ſans ſouffrir ny permettre qu'il ſoit mis ou donné aucun trouble ou empeſchement à ladite leuée, laquelle nous voulons eſtre faite, nonobſtant oppoſitions ou appellations quelsconques, deſquelles ſi aucunes interuiennent nous en auons attribué & attribuons la Iuriſdiction & cognoiſſance en premiere inſtance pardeuant noſtre Bailly de Roüen ou ſon Lieutenant, & par appel pardeuant vous, Et ſera adjouſté foy comme aux originaux aux copies collationnées de noſdits Arreſt, Tariffe & des preſentes, par l'vn de nos amez & feaux Conſeillers & Secretaires, CAR TEL EST NOSTRE PLAISIR, & nonobſtant auſſi Clameur de Haro, Chartre Normande, priſe à partie, & lettres à ce contraires. DONNE' à Saint Germain

Germain en Laye le sixiesme iour de Feburier, l'an de grace mil six cens quarante, Et de nostre Regne le trentiesme. Signé, LOVIS. Et plus bas, PAR LE ROY. PHELYPEAVX. Et seellé sur simple queuë d'vn grand seel, auec le contreseel de cire jaune. Et à costé,

Registrées és Registres de la Cour, suiuant l'Arrest de ce iour. A Roüen en Parlement le traiziesme Feburier mil six cens quarante.

Signé, *DE HARDELEY.*

Et à costé du duplicata desdites lettres

Registrées és Registres de la Chambre des Comptes de Normandie, oy & ce consentant le Procureur General du Roy, pour en iouyr par les impetrans suiuant l'Arrest de ce iour 16. de Feburier mil six cens quarante.

Signé, *DE CANTEL.*

LOVIS PAR LA GRACE DE DIEV, ROY de France & de Nauarre, Au Bailly de Roüen ou son Lieutenant, Salut. Nous vous mandons & ordonnons de faire registrer & executer à vostre esgard l'Arrest dõt l'extraict est cy attaché soubs le contre-scel de nostre Chancellerie, donné en nostre Conseil d'Estat le sixiesme iour du present mois, pour l'imposition & leuée des droicts mentionnez au Tariffe y enoncé, arresté audit Conseil ledit iour, sur les denrées & marchandises y declarées, Iuger & terminer en premiere Instance les oppositions, appellations, empeschemens & differends qui pourroient interuenir sur l'establissement & perception desdits droicts, Vous en attribuant à cette fin la cognoissance en cause principalle, icelle interdisons & deffendons à tous autres Iuges, Et commandons au premier nostre Huissier ou Sergent sur ce requis, de faire pour l'execution dudit Arrest des presentes, & de ce que vous ordõnerez en consequence, Toutes significations, commandemens, deffences, & autres actes & exploicts necessaires sans demander autre permission, Nonobstant Clameur de Haro, Chartre Normande, prise à partie, & lettres à ce contraires, Et sera adjousté foy comme aux originaux aux copies dudit Arrest, Tariffe & presentes, collationnées par l'vn de nos amez & feaux Conseillers & Secretaires, CAR TEL est nostre plaisir. DONNE' à Saint Germain en Laye le sixiesme iour de Feburier mil six cens quarante, Et de nostre Regne le trentiesme. Signé, LOVIS. Et plus bas, PAR LE ROY. PHELYPEAVX. Et scellé sur simple queuë d'vn grand sceau auec vn contre scel de cire jaune.

Extraict des Registres de la Cour de Parlement.

SVR la Requeste presentée par les Commissaires deputez par le Roy pour l'administration & gouuernement de l'Hostel Commun de la Ville de Roüen, Tendant à ce que le Tariffe des Impositions ordonné par sa Majesté estre leuées en ladite Ville & Banlieuë d'icelle pendant trois années, pour le payement d'vn Milion quatre-vingts cinq mil liures, Ensemble les Lettres Patentes du Roy données à Saint Germain en Laye, & Arrest du Conseil d'Estat des sixiéme de ce present mois de Feburier, soient registrées au Greffe de la Cour, pour auoir effect & estre executées selon leur forme & teneur : VEV par la Cour ladite Requeste, lesdites Lettres Patentes, Arrest du Conseil d'Estat & Tariffe dessus dabtez, Conclusions du Procureur General du Roy, & oy le Raport du Conseiller Commissaire. LADICTE COVR du consentement dudit Procureur General, A ordonné & ordonne que lesdites Lettres Patentes, Arrest du Conseil d'Estat & Tariffe, seront registrées és Registres du Greffe d'icelle, pour estre le contenu en iceux executé selon leur forme & teneur. Faict à Roüen en ladite Cour de Parlement le traiziesme iour de Feburier mil six cens quarante.

Signé, DE HARDELEY.

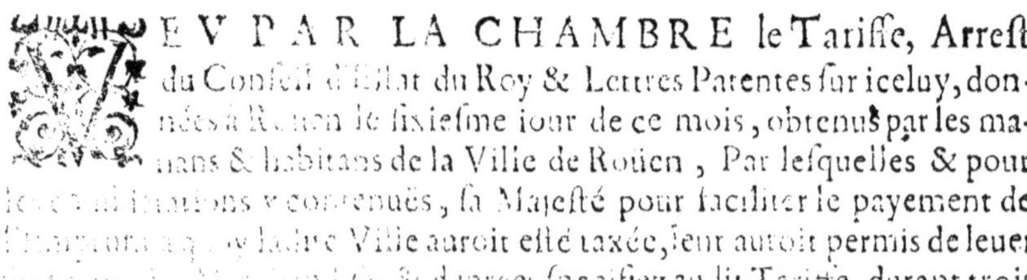

VEV PAR LA CHAMBRE le Tariffe, Arrest du Conseil d'Estat du Roy & Lettres Patentes sur iceluy, données à Roüen le sixiesme iour de ce mois, obtenus par les manans & habitans de la Ville de Roüen, Par lesquelles & pour les [illegible] y contenuës, sa Majesté pour faciliter le payement de [illegible] ladite Ville auroit esté taxée, leur auroit permis de leuer sur toutes les Marchandises & denrees specifiez audit Tariffe, durant trois ans à commencer dudit ſixieſme de ce mois. ASÇAVOIR, ſur chaque Bœuf ſix liures, Sur chaque Vache ſoixante ſols, Sur chaque Pourceau vingt ſols, Sur chaque Mouton, Brebis & Veau dix ſols, Sur chaque Ponſon de Vin entrant & qui ſe conſommera en ladite Ville quatre liures, & des autres Vaiſſeaux à l'équipolent, Sur chacun ponſon de Sildre vingt ſols, Sur toute ſorte de poiſſon frais, y compris les Huiſtres, qui ſera vendu & debité en ladite Ville vn ſold, Sur chaque Baril de Harenc blanc dix ſols, Sur chaque Millier de Harenc ſor dix ſols, Sur chaque cent de Moruë verte vingt ſols, Sur chaque cent de Moruë ſeiche dix ſols, Sur chaque Hambourg de Saumon vingt ſols, Sur Baril de Macquereau dix ſols, Sur chaque Baril de Moruë ſec ou ſauſſe dix ſols, Sur chaque charette de bois à bruſler entrant en ladite Ville & Banlieuë de quelque ſorte & qualité que ce ſoit, la charetée contenant deux milliers de Fagots ou Cotterets, où quatre Meſures de bois de Lyon cinq ſols, Sur chaque petite brouëtte chargée de bois ſix deniers, Sur chaque ſomme de cheual vn ſold, Sur chaque charette de charbon huict ſols, Sur chaque ſomme de cheual deux ſols, Sur chaque cent poiſant de beurre frais entrant & vendu en ladite Ville & Banlieuë vingt ſols, Sur chaque pot de beurre ſalé cinq ſols, Sur chaque tinette huict ſols, Sur chaque demie tinette quatre ſols, Sur chaque piece de drap d'Eſpagne, Angleterre & Hollande douze liures, & les demies pieces à l'équipolent, Sur chaque piece de Serge & Ratine de Florence douze liures, Sur chaque piece de Serge raze Dautonne vingt ſols, Sur chacune liure poiſant de manufactures de ſoyes de toutes ſortes tant en eſtoffes, bas, dentelles, paſſement & ruban entrans & vendus en ladite Ville quinze ſols, Sur chacune botte de ſoye eſcreüe cinq ſols, Sur chaque botte de ſoye tainte ſept ſols ſix deniers, Sur chacun cent de planche de ſapin, cheſne, ou haiſtre au compte ordinaire entrant & vendu en ladite Ville & banlieuë cent ſols, Sur chaque mont de plaſtre huict ſols, Sur chaque millier de thuille & grand paue entrant dans ladite Ville & banlieuë dix ſols, & petit ſept ſols ſix deniers, Sur chaque millier d'ardoiſe vingt ſols, Sur chaque millier de plomb ſoixante ſols, Sur chaque cent poiſant d'eſtain quarante ſols, Sur chaque cent poiſant de ſuif de toute ſorte eſtranger ou forain, ſoit en pain, bari. & pippe vingt ſols, Sur chaque cent de piece de fromage de Holande entrant & vendu en ladite ville cent ſols, Sur chacun cent de barils de charbon de terre entrant & deſchargeant à terre en ladite ville ſix liures, Sur chaque piece de toille de Hollande tant de ſoye que de fil de toutes ſortes, cordelette, baptiſte, Cambray, affuſt & quintin, & ſur chaque piece de Troyes, Saint Quentin & Beauuais entrant & vendus en ladite ville & banlieuë vingt ſols, Sur chaque pippe d'huille d'Oliue cent ſols, & des autres vaiſſeaux à l'equipolent, ſuiuant la reduction qui ſe faict en la Romaine, Sur chaque barique d'huille de poiſſon, rabette, noix & lin quinze ſols, & des autres vaiſſeaux à l'equipolent, Sur chaque liure poiſant d'Indigo quatre ſols, Sur chacun pennier, cages & cageot de gibier & vollaile dix ſols, Sur chacun piece de volaille d'Inde, leurault, cabril, aigneau, cochon de laict, butor & heron, paon, faiſant, canart de riuiere porté en pennier à bras, pouche & à la main, vn ſold, Sur chaque ſercelle, perdrix, plouuier becaſſe, autis, morillon, vanet, bizet, ramier, poullet d'Inde, courrelieu, liuergin, lappin, oiſon, poulle chappon, canart de pallier & couple de poullets porté en pennier à bras, pouche ou à la main ſix deniers, Sur chaque douzaine de pigeons, cheualliers, becaſines, cailles, poullets caillerets vn ſols, Sur chaque douzaine de mauuis, alloüettes, litournes ſix deniers, Sur chacun cent peſant de Sauon en balle, caſſe ou boucault, blanc & madré, entrant & vendu en ladite ville & banlieuë quinze ſols, Sur chacun cent peſant de ſauon mol de toute ſorte ſept ſols ſix deniers, Sur chacun cent poiſant de ſauon manufacturé ſept ſols ſix deniers, Sur chacun cent poiſant de ſucre affiné quinze ſols, Sur chacun cent poiſant d'Alun de Rome & d'Angleterre dix ſols, ainſi que plus amplement leſdits Tariffe & Lettres patentes le contiennent. Requeſte preſentée à ladite Chambre par leſdits habitans, afin de verification deſdites lettres. Concluſions du Procureur General du Roy, & tout conſideré. LA CHAMBRE les Semeſtres aſſemblées, A ordonné & ordonne que leſdites Lettres patentes adreſſées à ladite Chambre, ledit Tariffe & Arreſt du Conſeil seront regiſtrées és Regiſtres d'icelle pour eſtre executez ſelon leur forme & teneur, A la charge de compter deſdites Impoſitions trois mois apres chacune année expirée, que les deniers en prouenans ſeront employez aux effects y mentionnez à peine de repetition ſur les ordonnateurs, juſques à la quatrieſme generation, & que pour la verification des effects dans la Prouince, il en ſera vſé comme il à eſté faict cy deuant pour les autres octroys de ladite Ville ſans rien innouer, le tout ſaouf & ſans prejudice des priuileges des Officiers des Compagnies ſouueraines. Faict le ſaizieſme iour de Feburier, l'an mil ſix cens quarante.

EXTRAICT DES REGISTRES DE LA Chambre des Comptes de Normandie.

Signé, *DE CANTEL.*

LES

OVIS PAR LA GRACE DE DIEV, ROY DE FRANCE ET DE NAVARRE: A nos amés & feaux Conseillers les Gens de nos Comptes à Roüen, & les Sieurs de Paris & de Colanges, Conseillers en nos Conseils, & Maistres ordinaires en nostre Chambre des Comptes à Paris, par nous commis pour tenir le Bureau de nos Finances audit Roüen, Salut. PAR l'Arrest dont l'extraict est cy attaché soubs le contrescel de nostre Chancellerie donné en nostre Conseil d'Estat, Sur ce qui nous à esté representé en iceluy par nos chers & bien amez les Bourgeois & Habitans de nostre Ville, Fauxbourgs & Banlieuë de Roüen, Nous leur auons pour les causes & considerations y contenuës, permis & octroyé permettons & octroyons d'imposer & leuer sur les denrées & marchandises qui entreront & se consommeront dans nostredite Ville, Fauxbourgs & Banlieuë, les droicts contenus au Tariffe jusques à la veille de Pasques que l'on comptera mil six cens quarante-trois, aux restrinctions portées par ledit Arrest, & par iceluy ordonné que la leuée desdits droicts seroit faite par les ordres des Commissaires par nous deputez pour l'administration & gouuernement de l'Hostel Commun de nostredite Ville, que les baux en seroient faicts au plus offrant & dernier encherisseur à leur diligence, par-deuant le Bailly de Roüen ou son Lieutenant en la maniere accoustumée, Sy mieux n'ayment lesdits Commissaires à l'administration & gouuernement dudit Hostel de Ville commettre à la Recepte d'iceux, & autrement les regir & administrer comme ils aduiseront bon estre. A CES CAVSES, Nous vous mandons & ordonnons par ces presentes signées de nostre main, que vous ayez à enregistrer nostredit Arrest & ledit Tariffe, & du contenu en iceux faire, souffrir, & laisser joüir nosdits Bourgeois & Habitans de nostre Ville & Fauxbourgs de Roüen plainement & paisiblement pendant & durant le temps y mentionné, & aux charges, clauses & conditions y contenuës, sans souffrir ny permettre qu'il soit mis ou donné aucun trouble ou empeschement à ladite leuée, laquelle nous voulons estre faite nonobstant oppositions, appellations ou empeschechemens quelsconques, desquelles si aucunes interuiennent nous en auons attribué & attribuons la Iurisdiction & cognoissance en premiere instance par-deuant nostre Bailly de Roüen ou son Lieutenant, & par appel au Parlement dudit Roüen, A la charge de compter de la Recepte & despence des deniers de ladite leuée, par celuy ou ceux qui seront commis à la Recepte d'iceux par estat deuant nostre tres-cher & feal Cheualier Conseiller en nos Conseils, Surjntendant de nos Finances & des deniers communs & d'octroy des Villes de ce Royaume le Sieur de Bullion, & de rendre cópte dudit octroy en nostredite Chambre des Comptes. Comme aussi par estat par-deuant vousdits Sieurs de Paris & de Colanges, ainsi qu'il est accoustumé pour lesdits deniers d'octroy, Et qu'apres ledit iour de Pasques de l'année mil six cens quarante-trois, la leuée desdits droicts cessera, & ne pourra estre continuée pour quelque cause & occasion que ce soit, ains demeureront estaincts & supprimez, mesmes auparauant ledit temps si la somme d'vn Million quatre-vingts cinq mil liures contenuë & mentionnée en nostredit Arrest estoit acquittée, & sans que les deniers prouenans de ladite leuée puissent estre diuertis ny employez ailleurs qu'au payement de ladite somme, & sera adjousté foy comme aux originaux aux copies collationnées de nosdits Arrest, Tariffe, & des presentes, par l'vn de nos amez & feaux Conseillers & Secretaires, CAR TEL est nostre plaisir, Nonobstant aussi Clameur de Haro, Chartre Normande, prise à partie, lettres & choses à ce contraires. DONNE' à Saint Germain en Laye le sixiesme iour de Feburier l'an de grace mil six cens quarante, Et de nostre Regne le trentiesme. Signé, LOVIS. Et plus bas, PAR LE ROY. PHELYPEAVX. Et seellé sur simple queuë d'vn grand seel de cire jaune. Et à costé est escript.

Registrées és Registres de la Chambre des Comptes de Normandie, Oy & ce consentant le Procureur General du Roy, pour en joüir par les impetrans suiuant l'Arrest de ce iour saiziesme de Feburier mil six cens quarante.

Signé, *DE CANTEL.*

LES COMMISSAIRES deputez par le Roy pour tenir le Bureau des Finances de la Generalité de Roüen, Conseillers de sa Majesté en ses Conseils, & Maistres ordinaires en sa Chambre des Comptes à Paris. VEV par nous l'Arrest du Conseil d'Estat du Roy, tenu à Roüen le sixiesme iour de ce present mois, Par lequel & pour les considerations y contenuës, Sa Majesté pour faciliter le payement de la somme d'vn Million quatre-vingts cinq mil liures, à laquelle la Ville de Roüen auroit esté taxée, A permis & octroyé aux Bourgeois & habitans de ladite Ville, Fauxbourgs & Banlieuë d'icelle, d'imposer & leuer sur les denrées & marchandises qui entreront & se consommeront dans ladite Ville, Fauxbourgs & Banlieuë, les droicts contenus au Tariffe arresté audit Conseil ledit iour sixiesme du present mois, A commencer du iour de la publication desdits Arrest & Tariffe, jusques à la veille de Pasques que l'on comptera mil six cens quarante-trois, Sans que lesdits droicts puissent estre pretendus ny demandez sur les denrées & marchandises qui entreront & passeront debout ou sejourneront dans ladite Ville, Fauxbourgs & Banlieuë pour estre transportez, dont les Marchands seront tenus fournir leurs declarations en arriuant en ladite Ville, à peine de concussion & de tous despens dommages & interests contre les exacteurs, ainsi que plus amplement est contenu audit Arrest. VEV aussi ledit Tariffe & les Lettres patentes de sa Majesté desdits iour & an en forme de Commission, Par lesquelles il nous est mandé & ordonné de faire registrer lesdits Arrest & Tariffe, & du contenu en iceux faire joüir lesdits habitans plainement & paisiblement pendant & durant le temps y mentionné, aux charges clauses & conditions y contenuës, sans souffrir ny permettre qu'il soit donné aucun trouble ou empeschement à ladite leuée. La Requeste à nous presentée par lesdits Bourgeois & habitans de ladite Ville de Roüen, à ce qu'il nous pleust proceder à l'enregistrement desdits Tariffe, Arrest & Lettres patentes, Et apres qu'il nous est apparu des Arrests de verification d'iceux tant en la Cour de Parlement, que Chambre des Comptes de Normandie, dés 13. & 16. de ce present mois. NOVS AVONS ORDONNE' Que lesdits Tariffe, Arrest du Conseil, & Lettres patentes seront registrées és Registres de ce Bureau pour estre executez selon leur forme & teneur, A la charge par celuy qui fera la recepte des deniers prouenans desdites Impositions, d'en compter par estat en cedit Bureau six sepmaines apres chacune année expirée. DONNE' à Roüen, le vingt-quatriesme iour de Feburier mil six cens quarante. Signé, DE PARIS. DE COLANGES. Et plus bas, Par lesdits Sieurs, GVENET.

L'An de grace mil six cens quarante, le Mercredy vingt-neufiesme & dernier iour de Feburier, de matin en la Chambre du Conseil du Bailliage de Roüen, deuant nous Charles Boullays Conseiller du Roy, Lieutenant Particulier audit Bailliage, Commis par sa Majesté pour exercer la Charge de Lieutenant General audit lieu. Sur la Requeste presentée par les Conseillers deputez par le Roy pour l'administration & gouuernement de l'Hostel Commun de cette Ville, Tendant par icelle à ce qu'il fust ordonné que le Tariffe des Impositions ordonnées par sa Majesté estre leuées pendant trois ans en ladite Ville & Banlieuë de Roüen, pour le payement d'vn Million quatre-vingts cinq mil liures, à quoy les Bourgeois & habitans de la Ville & Banlieuë dudit Roüen sont obligez solidairement, suiuant l'Arrest du Conseil d'Estat du sixiesme de Feburier dernier, ensemble les Lettres patentes du Roy données à Saint Germain en Laye, & ledit Arrest du Conseil d'Estat dés sixiesme dudit mois de Feburier, seront registrez és Registres du Greffe de cedit Bailliage, pour auoir effect & estre executez selon leur forme & teneur. Veu par nous ladite Requeste, l'ordonnance d'estre communiquée au Procureur du Roy du jourd'hier, ledit Tariffe, lesdits Arrests du Conseil, Lettres patentes & Commission sur ce émanez dudit mois de Feburier an present, Arrest de la Cour de Parlement, Chambre des Comptes, & Ordonnance des Commissaires deputez par sa Majesté pour tenir le Bureau des Finances, contenant le registrement desdits Tariffe, Arrest & Lettres patentes dés 13. 16. & 24. iours de Feburier audit an present, ensemble la Conclusion baillée par ledit Procureur du Roy en cedit Bailliage de cedit iour & de son consentement. IL EST DICT, que ledit Tariffe, Arrest du Conseil & Lettres patentes de sa Majesté pour la leuée & perception desdites Impositions pendant le temps de trois ans, seront registrez és Registres de ce Bailliage, pour estre executé dans la Ville & Banlieuë de Roüen, conformément à la Declaration du Roy, Arrests du Conseil & Lettres patentes, Et mandé au premier Huissier ou Sergent royal sur ce requis, ces presentes executer. Donné comme dessus. Signé, BOVLLAYS. BRIFFAVLT. & BASIRE.

LEcture & publication de tout le contenu cy dessus, a esté par moy Sergent royal vendeur à Roüen, & de l'Hostel Commun de ladite Ville, faite les premier & second iours de Mars mil six cens quarante, à son de Trompe & cry public par les Carfourgs, sur les Quays tant d'amont que d'aual, & lieux publics de cette Ville, à ce qu'aucun n'en pretende cause d'ignorance; & le tout affiché ausdits lieux. Presence de Guillaume Grenet Trompette ordinaire, Pierre Guerard mon clerc, & autres.

Signé, *GAFFET.*

A ROVEN.

De l'Imprimerie, de DAVID DV PETIT VAL, & IEAN VIRET, Imprimeurs ordinaires du ROY.

www.ingramcontent.com/pod-product-compliance
Lightning Source LLC
LaVergne TN
LVHW012004220826
846092LV00001B/236

9782329795133